回 潮
——复古的文化

〔美〕伊丽莎白·E.古费 著

王之光 译

商务印书馆
2010年·北京

Elizabeth E. Guffey
RETRO
The Culture of Revival

Copyright © 2006 by *Elizabeth E. Guffey*. Chinese(Simplified Characters)Trade paperback copyright © 2010 by The Commercial Press.

All Rights Reserved

本书根据 Reaktion Books Ltd 2006 年英文版译出

目　　录

导论　回眸我们现代化之时 /1

第一章　新艺术派又翻新了 /23

第二章　现代派的时代 /62

第三章　再造的 50 年代 /95

第四章　昨天的明天的诱惑 /131

跋 /158

引文出处 /165

阅读书目和影评选 /180

鸣谢 /183

照片版权鸣谢 /184

导　　论
回眸我们现代化之时

　　1966年,伦敦维多利亚-艾伯特博物馆启动夏季展览季的时候,却没有想到,19世纪一个默默无闻的素描者、插图画师的回顾展,竟然门庭若市,热闹非凡。短短四个月,登门参观者就不下十万之众,比亚兹莱(Aubrey Beardsley)作品展是人们记忆中参观人数最多的版画、素描展了。展览引人入胜,是因为有口皆碑,兼有丑闻的迹象,观众广受怂恿;更有开展不久,伦敦市警察曾经以内容淫秽的指控,扣留了博物馆附近一家店铺里的比亚兹莱版画。人们排起了长蛇阵,去博物馆观赏突然间臭名昭著的美展,那是一批色迷迷的色情狂萨堤罗斯、萎靡不振的青年、丰满的女巨人,忸怩作态,摆出异乎寻常的姿势。约翰·拉塞尔在《艺术新闻》上撰文说,公众"往往被巨型阴茎、奇异屁眼的报道搞得心动……必须承认,他们并没有白来"。[1]已近古董的比亚兹莱,在世时从未举办过画展,却被奉作了"伦敦的新英雄"。[2]

　　比亚兹莱的遗作展产生了无害的兴奋点,官方的弹压有着醉人的意味,这种感觉也曾弥漫在甲壳虫乐队的音乐会、时兴迷你裙等当时的流行趋势中。就像甲壳虫狂热一样，"新艺术热"影响了西欧和北美的通俗文化；[3] 1964年，《时代》周刊矫揉造作地宣告，"新艺术复苏"已经来到，其形式"旧中有新"。[4] 对新艺术的兴趣复苏，在60年代登峰造极，其形式从学术性的博物馆展览，到批量生产的墙纸都有。而且，随着60年代的通俗文化开始变化，这一发霉的八旬老运动的残余成了性感、青春反叛的句法。老风格对于意象意识强的平面设计师有用，引发了一波摇摆震颤的排版插图作品，丰富了通俗的图像和艺术的图像。19世纪末这一艺术设计运动与60年代的反文化（counter-culture）相纠缠，导致1967年《时代》周刊将青春时髦的朝圣地圣弗朗西斯科（旧金山）更名为"新弗里斯科"（Nouveau Frisco）。

表面上，这一重新发现仿佛呼应了艺术史上其他运动和风格的复活。不过，比亚兹莱，乃至整个新艺术运动的复兴，充盈着一种新的感悟，使之与19世纪的复古派（revivalism）分开。比亚兹莱和新艺术运动时期缺乏模糊不清的中世纪遗风的光环，缺乏上一个世纪哥特式古典主义复兴中弥漫的古代权威。对于19世纪末叶的艺术设计重新感兴趣，说明了战后一个独特的倾向开始了：大众渴望着越来越快地恢复仍然属于现代的先前时期。不过，这一倾向不应该等闲视之，说它仅仅是一系列自反性的风格姿态。依我看，可以实用性地把它看作一种颠覆，艺术文化的先锋派为了向前走，开始向后看。这些群体对待过去的态度迅速传播开来，但这种观念的延伸对于广大的主流文化也是一种免疫接种。历史学家詹明信（Fredric Jameson）说过，由于社会已经发展，它找到了给自己讲述自身历史的新方法。[5] 回潮让我们学会如何对待现代的过去（the modern past）。

一词多义

伏尔泰说过,历史不变,但我们对它的要求会变。"回潮"的含义具有弥漫性,有点不精确;过去三十年来逐步潜入日常用语,却没有人去给它下定义。"回潮"的新词用来描述文化癖好、个人趣味、科技废弃物、世纪中叶风格,随便脱口而出,超越了俚语的范畴。尽管是近年所创的术语,却也可以描述1966年比亚兹莱展的氛围及其后果。"短期狂热"、"时尚"、"复活"等语汇围绕着复活的新艺术风格打转,但"回潮"是70年代初获得其现在的含义的。尽管回潮容易解读为回顾过去,它魅力无穷,潜在的意味往往被忽视。

回潮可以充当"老式"或"陈旧"的时髦同义词。例如,摩纳哥旅游局最近对标准线路作了重新包装,其中有参观王国的蜡像馆和拿破仑大事记展览,称为"回潮日:历史传统游"。这种形式的"回潮"充其量是充当"不朽"、"经典"的文化广告;"回潮"产品、地点、观念可以承担符号的身份,指称一个逝去的未定义时代。这种"回潮"拥有深沉的情感魅力,它拥抱着回顾永恒"大街"的购物城,亲近来自家族烹调书的菜谱。

然而,这个单词也可以是速记,替代处于战后复苏时代的一个时代风格。在美国,回潮常常描述世纪中叶的美国物质文化,包罗了鞍脊鞋、尾翼、埃姆斯家具、郊外别墅。这种回潮受到收藏界和怀旧派的追捧,可以扩大到包括50年代和60年代对当代形式的影响,其中有升级版迷你宝马和大众甲壳虫汽车。可是这个说法也适用于50年代的各种亚文化:发祥于波利尼西亚的Tiki器乐流行音乐或休闲音乐,以及少年犯偏爱的T恤皮夹克风格。

回潮又可以描述一种人生观,依附于过去的价值观旧俗的一种癖好,或者内在的社会保守主义,大众化报刊上将它与在家自学和拥抱传统性别角色之类的社会现象相提并论。这种回潮态度不仅仅是追求简朴的生活,还有隐晦的怀疑,认为近年的社会、文化、政治发展都有深刻的腐蚀性。

回潮还可以暗示科技废弃物:机械打字机和收款机成了回潮。更有甚者,一度定义现代化消费科技性质的小发明,例如八声道磁带录音机、笨重的无绳电话,如今都刻有回潮的烙印了。专门用于过时的科技产品的一整个亚文化发育起来了:例如回潮游戏的热衷者把废弃的视频游戏重新配置,放在今天的电脑上玩,还有人修复旧电脑,享受"原汁原味的"游戏。为了不合潮流而寻求不合潮流,回潮超越了时代风格或者个人癖好。

回潮被斥为时髦的新玩意儿,是通俗文化大胃口的食料,但它最有说服力的含义往往被忽略:回潮说明了大众与过去的关系有了根本的改变。除了用小阳春一般的新玩意儿表现旧形式,回潮还忽视遥远的学问,而聚焦于最近的过去。例如它忽视中世纪或者古典时代。它半是反讽,半是渴望,以不伤感的怀旧来审视最近的过去(the recent past)。它不关心神圣的传统,不关心加强社会价值观,往往回避历史的精确性,暗示着一种颠覆。1966年,伦敦的参孙—大利拉理发店,都是身穿比基尼的女职工当班,她们在装饰着比亚兹莱风格壁画的理发店里从事理发生意,对19世纪的色情幻想世界眨眼点头。回潮从过去援引来风格,却用于异乎寻常的背景;迷惑地从远处观察过去,黑色的幽默将世纪中叶的大众饮料重新调和,以"原子时代的鸡尾酒"端上来。回潮向后瞥一眼,看着仍然属于现代的旧时代,回避了扭曲"现代"的实证主义进步观。更具有根本性的是,它温和地挤迫我们离开"现代性"的旧观念,走向没有勘察过的未来。复活的文化已经变了。

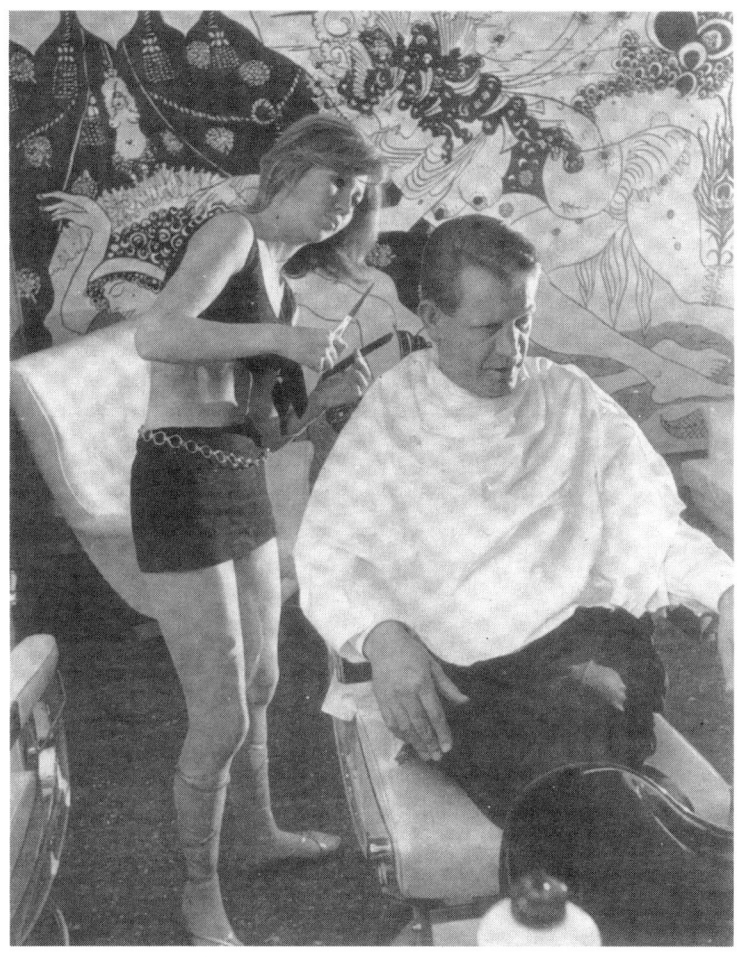

衣不遮体的女子在参孙—大利拉理发店工作,墙上装饰着比亚兹莱风格的壁画,约1966年。

偏离常规的复古

1962年,约翰·格伦成了第一个环绕地球轨道飞行的美国人。重回地球大气层之后,返回舱的陶瓷防热罩松脱了。如果脱落,他就会在外界华氏4000度的高温中被烧死。为了降低这一风险,航天指挥中心的科学家决定不丢弃防热罩正上方的那组重返大气层时通常丢弃的火箭,希望其金属扣带能够维系住防热罩。"制动火箭系统"(retro-pack)留在原处,但在回收舱进入大气层时解体成了燃烧的碎块。公众和官员们都提心吊胆地观看着,以为航天器本身在燃烧。可是,格伦成功降落后,他的制动火箭(retro rockets)一词进入了大众语汇。

于是,retro随着60年代初的航天时代语汇进入了公众的想象空间。"制动火箭"提供了至关重要的反推进力,让航天器进入轨道,而格伦的情况是减缓火箭回落地球的速度。Retro在19世纪以前罕用,后来用来表示前进推力的强大的反推。直到战后,retro主要当作前缀使用,其最近的关联词retrograde[逆行],意思是行星旋转时看上去偏离了正常的天体运行方向。只有到了20世纪末,retro才得到了联想的含义,与航天计划的实证主义和19世纪应用科学背道而驰了,开始象征偏离常规的复古派形式。

所有的文化形式和表达式必然取法于过去,但复古派与19世纪关系密切。当时,系统化的历史研究方法迫使对过去的研究成为职业化的东西,创造了整个的学科,比如考古学和地质学,对于过去的拓展了解也渗透到了其他的学术领域。随着历史上的风格和时代得到辨认区分,艺术家、设计师、建筑师便加以挖掘,以便表达严肃的当代主题,比如民族主义和道德性。从华莱士收藏(the Wallace Collection)的《亨利三世和大使们》(1827—1828),那是英国画家波宁顿(Richard Parkes Bonington)的画作,到殖民地复古家庭的假护墙板,对于信仰和民族事实(nationhood)的追忆具有历史细节上的精确度。建筑师皮金(A. W. N. Pugin)认为,哥特式建筑似乎体现了自己生活中所追求的精神性,而哥特式复古就好比他拥抱罗马天主教。拜占庭建筑给予巴尔干国家的建筑师以灵感源泉,他们刚刚从土耳其统治下站起来嘛。西班牙的穆德哈尔(Mudéjar)复古回味了国内的伊斯兰教之根,美化了教会和斗牛场。

回潮与植根于远古蒙昧领域的 19 世纪复古派不同,并不怀旧地顾盼工业化以前的时代。对于涉及工业革命及其结果的艺术设计形式有任何迷恋,都会使皮金之类的早期复古派诧异得目瞪口呆,但回潮弘扬了这种风格,凸显了早期改革家往往忽视的工业时代的艺术和大众文化。它对"现代性"爱恨交加,挑战了对于科技、工业,尤其是进步本身的实证主义观点。回潮并不像 19 世纪复古派那样回避"现代性"的征候,而是试图把握现代性的观念、边界,乃至死亡。

复古派的其他形式是抵挡不住这个挑战的,回潮的超然也许是该现象最最耐久的品质,凸显了它的反讽立场。旧复古派的严肃宗旨动摇着回潮的不严肃和颠覆性本能。回潮并不发掘过去的骄傲例子,而是混进历史的不开启的密室和不点灯的角落。它凸显大众文化,采纳战后美国的"古级"Googie 咖啡屋建筑和黑帮风格细条纹服,就像采纳埃姆斯椅和包豪斯风格一样随便。不过,回潮的非严肃性不应与轻浮混为一谈。

回潮于20世纪70年代初开始回忆最近的过去,当时用来形容一个巴黎影评人、作家、时装设计师圈子的作品。陈述第二次世界大战中抗纳粹、亲纳粹主题的电影、文学类型不断壮大,称为"仿古风格"。不记得战争岁月的年轻一代,欢迎路易·马勒的《拉孔布·吕西安》(《迷惘少年》,1974)之类的电影,它们对于纳粹第三帝国采用抑郁的气氛渲染,既不谴责,也不赞赏该题材。然而,这种电影对战争岁月的风格处理,在许多人看来类似于70年代初在巴黎时装商店和跳蚤市场都有的挺括战壕雨衣和战时坡形高跟鞋。一开始是挑战戴高乐主义对于抵抗纳粹侵略的说法,却变成了时髦趋势,刻意混淆了颓废和自由意志论者的典故。

到了70年代末,一种具有时装意识却大不敬的回潮版本悄悄来到英语中,其意义飘忽不定,具有含糊的否定,许多人认为它代表一种广告式重复利用过去的欲望。时装记者莫里斯(Bernardine Morris)在1979年一篇"回潮模样会成气候吗?"的文章中,使用肯尼迪时代的太空时代行话报道说,"公认为时装在自由、舒适、风格方向进步巨大的若干年之后,设计的前进推力中断了"。[6]可是,时装界、电影界最初使用的回潮,在80年代迅速扩大了使用范围。批评家利帕德(Lucy Lippard)在《烫手山芋:1980年的艺术和政治》一文中,耸人听闻地宣布了艺术世界中"时尚回潮(retrochic)"的来临,将这个现象描述为"披着反文化羊皮的反动狼"。她认为,回潮是作品中采用"性别歧视、异性歧视、阶级歧视、种族歧视暴力"的当代艺术家所应用的先锋派风格形式。[7]她将拥抱社会上不认可的态度作为自由意志论姿态的艺术家说成是回潮,其中包括自称"受虐婆姨"的一个加拿大摇滚乐团和1979年纽曼(Donald Newman)在艺术家空间展出的纸本抽象作品,题为"黑鬼画作"。作为抵制主流的政治社会必然性的象征,利帕德将回潮等同于70年代中叶反叛的另一个现象:朋克摇滚乐。然而,她说,时尚回潮(retrochic)并不包含英国工人阶级朋克中可以找到的"粗暴的布莱希特式反讽",相反,回潮式违规仅仅利用其听众充当可以反抗的家长。[8] 不管是圣罗兰(Yves Saint Laurent),让女时装模特穿着战时妓女式的服装走巴黎T型台,还是席德·维瑟斯(Sid Vicious),身穿红色卐字T恤在巴黎的犹太人居民区游荡,他们代表的回潮在70年代吸引了欧美的注意力。不过,最后还是80年代后现代思想的扩散,才使回潮得到了持久的意义。利帕德将时尚回潮植根于尖刻而不道德的反叛之中,甚至把《村声》的文章题目叫做"时尚回潮,愤怒的回顾",[9] 但后现代理论家们拥抱回潮,把它当做大众媒体出现后文化改造的例子。鲍德里亚(Jean Baudrillard)在《模仿和拟像》(1981)的"历史:回潮情景"一章中,描述了当代文化中"现实和理性的死亡痛苦"。[10] 他审视了近年电影中这种新回潮情感的表现,识别了一系列的通俗历史片,包括波兰斯基(Roman Polanski)的《唐人街》(1974)和库布里克(Stanley Kubrick)的《巴里·林登》(1975),它们用他所谓"令人不安的"完美再现了过去。[11] 博格达诺维奇(Peter Bogdanovich)的《最后一场电影》(1971)贴近模仿了"美国小城镇的习俗和气氛,像他这样的心不在焉的观众,都会把它当作50年代的原作的"。不过,在仔细观察之下,该片惹起了"一点点疑问:有一点太好了,更和谐……没有那个时代电影的心理、道德、情感污点"。结果,这个"50年代电影的超现实主义复位"体现了鲍德里亚的回潮,一系列的空虚代表形式,只能模拟早先失落的现实形式。

鲍德里亚就像先前的 mode rétro[回潮派]评论家一样,仍然将回潮与电影摄影机的淡出镜头密切相连,他发现的电影时尚现象表明"现实"在衰退。一种不道德的空虚感、道德败落感、衰退、错位——一种任性的怀旧,笼罩着这个题材的广大评论家们。但过去二十年来,自从鲍德里亚发表了评论,回潮的意义继续在演化。从伦敦主营服装及纪念品的礼品店"美国回潮"1986年开张,到20世纪80年代末历史学家梅格斯(Philip Meggs)推出由纽约设计师们领导的平面设计运动回潮,该词汇的含义在扩展。[12]

鲍德里亚认为回潮基本上空无内容,但最近英国历史学家塞缪尔(Raphael Samuel)判断它是"非正式知识形式"。他在《记忆的剧院》(1994)中通过一系列最近四十年来热闹起来的折中主义表达式分析了时尚回潮的征候,从标新立异的服饰和陶瓷纪念品,到"乡村厨房"和60年代"经典"摇滚乐的重新混合。塞缪尔将回潮推下银幕和时装表演台,却在跳蚤市场摊位和窝棚杂志、时髦礼品店、中上标准餐馆徘徊,调查它的影响。他的时尚回潮尤其代表了一个民粹派现象,是逃避既有历史记载、编年史问题和语境的情感,为日常生活的历史崇拜幻想腾出了空间。[13]

塞缪尔迷上了新旧的回潮式融合,聚焦于跳蚤市场酒馆镜子,镜子上面装饰着丝网拟像,模仿雕花玻璃、格子布、松树的"乡村厨房",里面则装备了最新颖的电器。然而,正如鲍德里亚所说的,这种再创造都是"有一点太好了",在他们的意识里有一点太当代了。塞缪尔跟利帕德一样,将 retro 与 chic 耦合在一起,恰如其分地说明了一种强烈感受,它在回顾时牢牢植根于瞬息万变的现在。不过,塞缪尔的时尚回潮在流行文化中占据了广阔的空间,从收藏水晶的新时代派(New Age-ism)到装饰着哥特式百合花形的圆珠笔之类的历史物件。本书以 retro 区分一种更为清晰的情感,它不仅是过去的重述,而且是聚焦最近的过去,哪怕它看上去在昨天才刚刚溜出视线。

新复古派:不伤感的怀旧

1971 年 8 月的一个晚上,尼克松总统抛下诸多的问题,如公立学校取消种族隔离、考虑去共产党中国拜访毛泽东、对他的越南政策的批评、选举连任计划,而去了纽约新婚女儿特里西娅家吃饭。他接着打算去百老汇看当年大受炒作的演出《不,不,纳奈特》,这是一部热闹非凡的音乐喜剧,是 1925 年轰动剧目的重演,新女婿考克斯(Edward F. Cox)力荐给总统丈人的。演出期间,总统频频鼓掌,剧终后《纽约时报》记者问他对于预告为"1925 年新音乐剧"的演出如何评价。总统对演出赞不绝口,宣称自己"赞成怀旧"。[14] 无独有偶,60 年代末《时代周刊》、《新闻周刊》、《美国新闻和世界报道》的大众媒体文章将大量篇幅用于新"怀旧"及其伴随的"复古派"。特罗(George W. S. Trow)1974 年在《纽约客》写道,70 年代是"怀旧的黄金时代"。[15] 1973年一篇题为《为什么热捧"美好的往昔"》的文章,引用了诗人麦克利什(Archibald MacLeish)的话,"人们对于今天发生的事感到幻灭,也就回到历史,寻求摆脱这一乱象的主意"。[16] 尼克松总统也许是在回应《纳奈特》中最最著名的乐曲"我要开心",他简明扼要地描述了这个感觉:"晚上看了这样的戏,感觉好多了。"[17] 杰拉尔德·克拉克(Gerald Clarke)1971年在《时代周刊》撰文响应了这样的直率态度,他说,"如果能选择,许多美国人会蒙上眼睛,从帽子里挑选另一个年份来生活——过去五百年中的任何一年"。[18]

但是,克拉克很快承认,很少有美国人真的愿意回到15世纪,更为贴切的是,60年代70年代初文化中弥漫的怀旧,明显有现代的意味,聚焦于才逝去二十年至一百年的过去。人们所思慕的,其实是最近的现代之过去。《美国新闻和世界报道》谈到"沃顿现象"(描述30年代美国乡村生活的大众电视系列剧用语)时,提及对大萧条时代电影的迷恋,赞赏了20年代的艳丽时装和"旧时爵士乐"。百老汇不仅复活了《纳奈特》,而且用取自或者处于这一最近过去的一系列表演娱乐观众,包括怀旧时事讽刺剧《1936年的大戏》和桑德海姆(Stephen Sondheim)的齐格飞式《滑稽戏》。某些人认为,这确实是"怀旧的黄金时代"。但它还表明,对于过去的态度出现了广泛的长期转变。令人哭笑不得的是,克拉克报道对现在的大面积幻灭之后二十年,70年代的迪斯科和喇叭裤同样兴致勃勃地复活了,那是通过原始化身感觉文化衰退的象征。

对于现在的这种不满意,很快被叫做回潮,对于60年代末和70年代的文化投下了长长的阴影。不过,回潮并不像克拉克等当代人所说的,是另一种形式的怀旧。从兹文曼(Charles Zwingmann)到博伊姆(Svetlana Boym),理智的史学家说过,后者原本被理解为一种疾病,与思乡病密不可分。18世纪末的旅行者确实害怕离乡背井,因为新发现了一种威胁,思乡怀旧病有可能致命。1710年,巴塞尔的医生兼学者描述了离开家乡去法国、比利时当兵的瑞士雇佣军,没有了阿尔卑斯山的乡野音乐和美味好汤,纷纷病倒,欲逃不能,只会"寻求速死"。[19]文学史家斯塔罗宾斯基(Jean Starobinski)说,只有19世纪末出现了细菌学和病理解剖学,思乡怀旧病才从医学杂志里消失了,成了诗人、哲学家的领域。[20]

涉及怀旧的情感起伏不再与思乡病有瓜葛,更不会认作致命病态,但对于过去的事物、人物、情势的又苦又甜的渴望却挥之不去。无论是康斯坦勃尔画的19世纪埃塞克斯乡村追忆,还是田纳西·威廉斯(Tennessee Williams)幻想的南方小镇生活回忆,怀旧都深深影响了文学艺术。怀旧本身是复杂的情感,表达的过去往往将悲哀与一点点快感掺杂在一起。它可以是私下的,例如普鲁斯特(Marcel Proust)的玛德莱娜小蛋糕,又可以是戴维斯(Fred Davis)所说的属于集体的,提供身份、代理或社群的来源。[21]例如,埃森斯塔特(Alfred Eisenstaedt)1945年为《生活》杂志拍摄的照片,水兵在时代广场庆祝二战胜利时亲吻护士,提供了二次大战凯旋的集体记忆。不管私下还是集体,这种图像所引起的怀旧都有一个共同点:总是有一定的严肃性。怀旧可以感受为童年记忆的牵引,感受为长期艰苦奋斗成功后如释重负的喜悦涌动,不管哪一种,与过去的联想总是特别认真。

如果回潮必须跟怀旧联系在一起，那么，用作家德·弗里斯（Peter de Vries）的说法，怀旧已经今非昔比。怀旧与回荡着流落渴望思想的浪漫情怀相联系，回潮却给这些联想掺和上大剂量的玩世不恭或者超脱；尽管回潮是回顾早先的时代，也许其最持久的品质是反讽立场。可是这些回潮冲动，哪怕诞生时，人们也认其为只有半认真、半玩笑。许多收听70年代初广为重播的30年代广播喜剧"菲伯·麦吉和莫莉"的大学生，为了贝蒂·戴维斯（Bette Davis）回顾展而挤满电影院的青少年傻笑着，并没有伤感啊。同样，对于尼克松赞不绝口的20年代音乐剧《不，不，纳奈特》，巴恩斯（Clive Barnes）在《纽约时报》里报道说，它就像新的"时尚模仿剧"，音乐和歌词是原来的，但通过"当代感觉"来观看。[22]

本书原可以轻易聚焦主流文化最终广泛地接受这些运动的证据，却反而去追踪最初导致它们复活的动力，审视它们在公众意识中的逐步发展，从史实脚注到大文化的认可批准。本书的研究限于回潮之根，目的在于揭示两个要点：第一点，审视它作为了解过去的非史学方法；第二点，凸显这种复古派的重要性。回潮现象是可以通过一大堆媒体加以追踪的，从电视到戏剧，从建筑到时装。光是在音乐中，它已经包罗了战后时代的全部体裁，例如将华丽的50年代鸡尾酒和休息室音乐与严肃的爵士乐分辨了开来。回潮的林林总总可以写成几本皇皇巨著，跨越高雅和低俗的文化。然而，由于它的崛起在视觉艺术中更为广泛，本书将聚焦艺术设计中生发的回潮之根，兼论其进入大众文化的情况。

回潮暗示了对过去的仰慕,也掺和了一种超脱感,有别于19世纪复古派的高尚严肃性,当初人们认为现在是人类知识演进的制高点,参照过去的艺术设计,可以将当代的成就凸显为数百年来演进的顶峰。相反,回潮做回顾并不是为了拔高美化当代社会。战后时代的许多艺术姿态充满了回潮情感,不管是重新配置装饰艺术派(Art Deco)视觉艺术语汇的利希滕斯坦(Roy Lichtenstein)的绘画雕塑,安迪·沃霍尔(Andy Warhol)的大胆电影使用的"装饰艺术道具"的电影明星光彩,还是意大利新自由派建筑师回收利用的19世纪末"快乐时代"(*tempi felici*)形式。

在多方面看,这种态度意味着回潮与后现代主义可以互换。正当史学家、哲学家开始质问历史表述和文化认同之时,艺术设计就开始反映反思这些变化了。回潮的特性,它的自反性,对于过去的反讽式重新解释,漠视传统上区分"高雅"艺术和"低俗"艺术的界限,所有这些呼应着后现代理论中的主题。理论家詹明信在发表于《后现代主义或者晚近资本主义的文化逻辑》(1991)中的文章"对现在怀旧",考察了"历史真实性的日食"中反映的后现代情形。他描述了与回潮密切相关的一些品质标记,发现当代文化"具有不可救药的历史真实性,因为它对于死亡的风格和时尚垃圾来者不拒,不分青红皂白",作为空虚的风格姿态加以回收利用。[23]这一回收利用概念与鲍德里亚的当代历史电影理论如出一辙,后者认为,"历史后撤了,留下了一片无所谓的迷雾,潮流经过,但缺了参照物"。[24]这种评论家将有中介意象和时间断裂改造过的世界妥善地上升到理论,提出了指向某种文化失忆症的风格形式。但回潮过去也与未来的信念丧失了暗中联系。

从未存在的未来

1998年5月22日早上,加州阿纳海姆市的迪斯尼乐园,游客们发现未来已经发生了变化。主题公园经过了大规模改造,四十年前曾经令全世界兴奋的未来憧憬,著名的想象丰富的未来世界终于要重新对外开放了。6万人集中到迪斯尼乐园的大街上,等待乐园中最摩登的区域正式"重新开放"。未来世界的大门口,群情振奋,一队奇装异服的雇员在弹压着男女老少。天鹅绒的绳索终于放下了,人群发现了未来世界,一位评论家说,它"以凡尔纳开始,以卡通人物巴克·罗杰斯结束"。[25]简而言之,那是对从未存在的未来的憧憬。

迪斯尼乐园对于未来世界的广告战提前几个月就开始了。不计其数的地方、全国性报纸作了报道,电视节目则回顾它的历史,引诱观众先睹为快,看看这个"未来的动人新景象"。不过,游客进入新造的未来世界,却面对着近五十岁年龄的未来想象物。沃尔特·迪斯尼的原定目标(界定未来的情景)已经抛弃,成为技术进步加速和社会不可预测性的牺牲品。果不其然,到了1998年,未来世界已经改造三次了,50年代时,起初构思为"1987年的世界"。可是,迪斯尼乐园面临的问题更严重:乐园官员们面对可怕的反面乌托邦(dystopias)越来越频繁地在过去二十年间影响大众的未来观,迫不得已推出"你所喜欢参观的未来"。[26]在新的未来世界里,未来成了回潮。

加州阿纳海姆市的迪斯尼乐园，未来世界入口，约 1960 年。

回潮除了呼唤过去的东西，还暗中呼唤了未来的东西。迪斯尼设计师们面对的问题，弥漫于文化中至少已经三十年了：将现代性观念从当代性拆开，而现在时刻的生活很困难。尽管未来世界拥有前瞻性的"飞碟"碰碰车、全塑料的"未来屋"，却受到植根于 19 世纪的憧憬的影响。迪斯尼本人努力将科学技术和社会联系起来，致力于创造最佳的视觉和实用设计，拥抱了密切联系工业化和创造美好世界的许诺的一种现代派形式。回潮不仅仅记忆着现代的过去，而且回忆了早年的乌托邦和乐观思想。19 世纪，摄影和电报的发明使得公众相信，现在与以前的东西相去甚远。现代派充其量是想根据科学技术变化、社会进步和有条不紊地改善过去来创造一个乌托邦;而现代性的观念则包括一种坚定不移的乐观主义,坚信未来不可避免地越来越好。20世纪初,相对论、量子力学这样的观念只会强化这种思想。未来世界推出了未来越来越好的令人振奋的憧憬。相反,美国大街(Main Street USA)式怀旧在未来世界则严格禁止。这种现代派价值观用不着历史,用不着历史上风格变迁的湍流。过去有缺陷,是不可接受的状态,社会要竭力去超越的。

研究回潮,势必聚焦于这些观念的瓦解。回潮在设计传统中的失足始于战后,现代派的未来主义观念和"好设计"开始失势了。康福德(Christopher Cornford)1968年在《设计》杂志中将现代派设计的品质标记等同于"冷布丁"。他说,两者都是"原汁原味,营养丰富,超凡脱俗,呈米白色",都是"单调的"。许多人同意他的观点,感到视觉艺术中滋长着"身体不适感,不适应,需要新的思维方向,新的情感"。[27]回顾旧时代,回顾旧风格不仅仅是怀旧,而且意味着"寻找维生素"(康福德语),寻找万应灵药。[28]克拉克1971年写道,"我们似乎不是在进入新年代,而是开足马力后退,离开新年代",他可能在为若干艺术家设计师代言,也可能在为大众代言。[29]

但回潮寻求重复的是最近的过去,聚焦于工业革命以来生产的现代性产品、时尚和艺术风格。实际上,回潮受到科学技术及其最通俗表现形式的主宰:它的口号选自去年联播的电视节目和电影;其颂歌来自二手唱片和废弃的简单韵律广告排列;其视觉语汇来自破汽车破家电。它惹起了不太遥远的日子的回忆,体现为古旧但似曾相识的形式。

地理学家哈维(David Harvey)在《后现代性的状况》(1989)

中指出,1972年标志着"海作用变形",导致了"后现代主义文化形式的兴起"。[30] 许多文化评论家认为,知性潮流(intellectual currents)的变化来得更早,由两次世界大战引起了幻灭。可是,结合到60年代末70年代初的广泛社会、政治、经济变化,显然正在出现根本性的变化。全球性消费经济的发展涉及资本主义运作方式的巨变,而且具有广泛的文化含义。政治、社会的变化似乎引发了意识形态的危机;随着全球国界的模糊化,关于历史及其结果的一大批陈旧确定性也模糊了。19世纪发生了从历史主义的传统崇拜到现代主义的追求理想的过渡。

但这种追求就此举步不前啊。尽管未来世界的"1957年未来之家"展现了先见之明,包括塑料家具、壁挂电视机、微波炉,但乐园追求乌托邦进步的连绵憧憬并没有深入人心。迪斯尼乐园设计的未来根本没有存在过。然而,这种未来主义的躁动证明是难以动摇根基的。回潮允许我们正确观察这种愿景,看到对现代性的不可动摇信念的历史局限性。像迪斯尼新设立的未来世界这样的回潮重构现代派的过去,将现代微妙地置于过去时态里了。

记住最近的过去

我们的社会为失忆而困扰。我们的惧怕经过医学方法处理,让大众的注意力集中于老年痴呆症这样的病态;经过数字化处理,走向对越来越可靠和不可毁坏的记忆卡和电脑芯片的寻找。然而,回潮并未在科学技术领域、医药领域出现,而是在大众文化、娱乐和广告中露面。它所保存的记忆不是个人的,不是纪录片式的。回潮既不是在形式上,也不是在学术上去保存记忆，而是对最近的过去的公共记忆。为了保存它，在艺术思想、历史思想主流以外，发展了一种新的"自由职业者"史学家。这个动态的、变化无常的艺术家、建筑师、设计师、作家群体，不是作为学者，而是作为非职业史学家，去重新访问过去。他们对于最近过去的记忆并非来自传统的历史研究，而是来自辨认、获得最近过去的物体，以及复制其形象和风格。

这种处理过去的方法如果不是来自教科书，就是来自最近过去的高雅、低俗文化。例如，意大利新自由派建筑师从都灵已建环境中得到提示，寻找法西斯当政前的无辜的过去，它与该市的新艺术派传统相关。波普艺术家沃霍尔和利希滕斯坦痴迷于电视上深夜重播的巴斯比·伯克利音乐剧中的装饰艺术派世界。罗伯特·史密森由于纽约和他出生地新泽西州帕塞伊克的建筑物，还有令他如痴如醉的20年代、30年代垃圾科幻小说里描述的情景，而向装饰艺术派靠拢。市场经验丰富的促销者提取精英和通俗文化的要素，混迹于这些现代起死回生主义者的队伍，他们日益效法大众文化和娱乐了。

由于这种新的复古派形式从许多方面定义了大众想象中的现代的过去，广告公司很快就将回潮等同于针对高级观众的极有吸引力的"宣传员"。从新艺术派和装饰艺术派的复活入手，回潮在60年代迅速崛起，想必与大众媒体和传播学的广泛发展相关。大众市场杂志种类繁多，博物馆轰动性展出十分红火，该时期内，艺术和民粹主义设计"专家"大量出现，急于打破传统的桎梏。好莱坞增加了历史片的制作，例如阿瑟·佩恩（Arthur Penn）的《邦尼与克莱德》（1966），细腻地再造了最近过去的风格形式，内容上也以时新著称。一旦被电影人采用，不管是中小企业家电影人,还是麦迪逊大道营销大员,回潮就不仅仅是有利可图,而且是变得浅显易懂了。

艺术史家托马斯·克罗(Thomas Crow)说,艺术前卫派充当了大众文化主流的一种"研发"分支。[31]回潮对于历史的解释,探索了怀旧,探索了反讽式理解的潜流。回潮的复古派意象沉浸于讽刺幽默之中,挤进了主流,规定了最近过去在广告、电影、时装以及一大批大众文化形式中的表现方法。让红黑几何图形和有棱有角的铅字复活,原来是打算象征俄国革命的巨变,现在却是为了出售冷冰冰的专业流行音乐(tech music)。诸如肯·拉塞尔(Ken Russell)的《男友》(1971)和乔治·卢卡斯的《美国涂鸦》(1973)电影,表现了近期历史的奇异形式和习俗。回潮过去已经成了一种公共财产形式。

鲍德里亚认为,回潮使过去去神话化,使现在远离推动了"现代"时期的大观念。鲍德里亚关于我们的时代属于后现代的认识,建立在我们已经脱离"现实"的论点上。他说,电影这类现代文化形式是模仿现实的:"本时期的大事件、大创伤,就是强指涉(strong referentials)的这种衰退,现实和理性的死亡痛苦,就通向拟像的时代了。"[32]他在《历史:一个回潮情节》的文章中,审视了《唐人街》、《巴里·林登》这类70年代纯电影,揭示出对于过去的弥漫性怀旧。他说,历史"后撤了,留下了一片无所谓的迷雾,潮流经过,但缺了参照物"。[33]鲍德里亚认为,回潮试图复活过去,"当时至少还有历史"。[34]他说,历史跟无意识一起,成了我们时代少数耐久性的神话之一。[35]回潮模仿历史,而不是创造历史,就使它的主题去神话化了。

从比亚兹莱绘画风格的复苏,到翻新的未来世界,回潮以嫉妒心观照历史；它的过去观去除意义，而不是赋予意义。21世纪初，无法宣称回潮彻底扫除了历史，而且我们在享受回潮怀旧之际，仍然能拥有历史感。但作为我们时代的重要指标，回潮被忽视了。就像60年代初让回潮一词进入日常语言的制动火箭一样，回潮提供了一种减速形式，或者说反推力，强迫我们琢磨自己在时空中不断向前的持久动力。回潮回顾仍然当作货真价实的过去，不管它自诩多么"现代化"。回潮不强调连续性，暗自让我们与先前的东西决裂。我们与先前的东西分开后，回潮的反拉力就来得很强了。

第 一 章
新艺术派又翻新了

1929年,英国作家伊夫林·沃(Evelyn Waugh)前往巴塞罗那,参观该城举办的国际博览会;其实博览会最令人难忘的,是密斯·范德罗(Mies van der Rohe)设计的玻璃、钙华和大理石结构的德国展馆,因为那是现代派运动的象征。逗留在这座西班牙城市的最后一天,沃独自踯躅林荫大道,遭遇了"我认为是博览会的广告宣传品。细看之后,才意识到这是一座永久建筑,让我吃惊的是,它原来是土耳其领事馆的办公楼"。沃举着相机围着建筑绕了好几圈,却连一张满意的照片也没拍下来,大树挡住了视线。于是,他拦下一辆出租车,请司机带他去看同一位建筑师的更多作品。司机很快带他熟悉了安东尼·高迪(Antoni Gaudi),载他先后探访了米拉之家(Casa Mila)、戈埃尔公园(Park Güell),最后来到圣家教堂(Sagrada Familia)——作家后来把这座未完成的巨大教堂称为高迪的"至高成就"。[1] 几年后,西班牙内战期间,沃的同乡小说家乔治·奥威尔(George Orwell)抵达巴塞罗那,专程参观了圣家教堂,却宣称它"奇丑无比",说"无政府主义者有机会却不去摧毁它,足见其糟糕无比的品味"。[2]

沃和奥威尔对待高迪造大教堂的意见分歧,其实是一场超越了个性的冲突。1929年时,公众看不起高迪的作品,而这些作品的特质恰恰定义了沃所谓"新艺术派的灵魂在扭动,在沸腾,在卷曲,在抽搐"。甚至沃本人也不敢毫无保留地流露对高迪过多的热情,只说新艺术派建筑恰到好处地示例了"'为艺术的艺术'完全不受传统或高尚情趣控制的结局"。[3]鉴于新艺术派在20世纪初名声迅速衰落,战后再次复活就越发让人吃惊了。

20世纪60年代,这种老风格全面复苏,且愈演愈烈:新艺术派艺术展风靡一时,纽约现代艺术博物馆1960年举办的"新艺术派:世纪之交的艺术与设计"就名动一时;新艺术风格的墙纸也畅销起来——科尔父子公司(Cole & Son's)1966年重新采用苏格兰建筑师查尔斯·伦尼·麦金托什(Charles Rennie Mackintosh)的设计所推出的墙纸就大行其道。新艺术派甚至影响了端庄主妇月刊《美开乐》(*McCall's*)和韦斯·威尔逊(Wes Wilson)的迷幻音乐会海报,丰富了当时的流行偶像(icon)和艺术偶像。然而,新艺术派设计的平反就像英国插图画家奥博利·比亚兹莱(Aubrey Beardsley)的插图画一样,渗透着回潮情感;复兴的新艺术派蕴含着一股暧昧的气质,令人想起了沃对高迪有所保留的热情。

众多画家、博物馆长、平面设计师和记者都认为,新艺术派的复兴代表着战后的视觉文化终于摆脱了现代派传统的桎梏,重获新生。新艺术派跟60年代初渗透流行文化各个角落的解放一切的非理性主义合流,这一点比起旋涡图案或鲜明线条,更能代表它颠覆传统的一面。新艺术派间或顶着"乖戾经典"[4]或"色情风格"[5]的名号,俨然成为社会自由和性自由的代表,与盛行的市民阶级价值观背道而驰。对坎普（Camp）文化的发展而言，战后复兴的新艺术派既是理论工具，又是商品文化的一方面，功不可没。事实上，重新启用新艺术派来批判现代派的后期形式，后来成了向老百姓出售"酷派"的起步案例。虽说模仿是最真诚的恭维，但新艺术派复兴却绝不只是创造性的偷梁换柱；虽然可能有人把新艺术派装模作样的"现代派"化身再次当成翻新的东西，但它对当代性的主张却明显是碗老汤。

1900 年的风格

原初的新艺术派表现形式复杂多样，广为流传，但战后复苏的新艺术派却无视这些特色。该风格出现在 19 世纪 90 年代的欧洲和美国，在 1900 年巴黎世界博览会达到巅峰。新艺术派影响深远，在英国有唯美主义运动的重要人物比亚兹莱和查尔斯·伦尼·麦金托什，德国、意大利和西班牙也各有领军人物。新艺术派［Art Nouveau］在英国称为 new art［新艺术］，在德国叫做青年风格（*Jugendstil*），在意大利名叫自由风格（*Stile Liberty*），在西班牙又称现代主义（*Modernisme*）。芳名本身其实源自 1895 年西格弗里德·宾（Siegfried Bing）在法国巴黎开设的一家名为新艺术（L'Art Nouveau）的大店。

新艺术派着实是一种国际风格。它表现了多种倾向，但笼统包括了一种基于自然母题的焦虑、博采众长的装饰风格，植根自然形态。新艺术派重视灵巧；无论是出自亨利·凡·德·费尔德（Henry van de Velde）之手的卷曲烛台的鞭索曲线，还是赫克托·吉马尔（Hector Guimard）创意的巴黎地铁入口的植物茎状柱头和卷草花纹，设计师们都力图用线性的二维方式表达三维形态。这种风格横扫欧洲，实际影响远远超过比利时、法国和德国大肆流行的蜿蜒直线性。约瑟夫·霍夫曼(Josef Hoffmann)斯托克莱宫(Palais Stoclet)程式化的方块结构，麦金托什的弓状矩形(bowed rectangles)与麦克唐纳姐妹(MacDonald sisters)设计的格拉斯哥茶室(Glasgow tearooms)，也都标上了新艺术派的名号。

维克托·奥尔塔(Victor Horta)为比利时化学巨头阿曼德·苏威(Armand Solvay)设计的排屋，外柱、窗户和阳台奔走着躁动的线条；蒂凡尼(Louis Comfort Tiffany)也用精美的玻璃灯饰和装饰檐壁填满了糖业大亨哈夫迈耶(H. O. Havemeyer)位于第五大道的豪宅。然而，令人难忘的新艺术派代表建筑大多是为广大的城市公众所建。格拉斯哥日益壮大的中产阶级正寻求茶室，来替代烟雾缭绕的小酒吧呢，新艺术派刚好吸引了他们的视线。天天钻进巴黎地铁通勤的上班族都喜爱新艺术派，在新建的会议厅集会的布鲁塞尔工人也是。新艺术派设计还装点了商业建筑，面向城市下层、中产阶级档次的广告材料也受益匪浅——谢雷(Jules Chéret)为巴黎咖啡馆(Parisian Cafés)设计的浅薄海报，彼得·贝伦(Peter Behren)为坐落于柏林的韦特海姆(Wertheim)百货公司设计的模型室都是典型例子。新艺术派许多佳作，都是为零售业设计的，或是广泛散发的广告。

如果说新艺术派渗透了经济和社会的悖论，那么它同样也充满了审美张力。大多数新艺术派设计师都坚持自己的艺术家身份，倾向传统的手工作业，拒绝批量生产。然而，他们尽管热衷于人工吹制的玻璃和精雕细镂的木料，大家也很迷恋铸铁等现代材料和石板套色印刷等工业产品加工技术。吉马前无古人地采用绿色铸铁和玻璃建筑巴黎地铁入口，结构整体和华丽装饰得以完美结合；植株形态弯曲扭转，扎成亮晶晶的顶棚和蓓蕾形的灯具，功能元素转换成为繁茂的生物形态。在布鲁塞尔，奥尔塔用形态缠绕的熟铁制作优雅蔓延回旋的楼梯扶栏，与苏威住宅和塔瑟尔住宅（Tassel House）的马赛克地板和彩绘墙壁上的植株形书法相互应和。虽然鞭索曲线和精巧的植物卷须花纹令大批战后新艺术派信徒灵感滚滚，然而一种朴素的、以几何图形为主的风格也与"1900年风格"有了瓜葛。虽然扭曲婉转的百合根系和弓状蜻蜓充斥了法国和比利时的新艺术派，维也纳分离派（直线派）和格拉斯哥派的作品里就能找到几何变体。麦金托什朴素的线性图案允许参照鸡蛋、树干和玫瑰花苞的形态。霍夫曼等分离派设计师则偏爱用明断的曲线放大直线形，并且喜爱把玫瑰花苞的花形和蔓延的藤状添加到立方体和球体中。

新艺术派虽然在那个年代看上去很新潮，它还是蕴含着复杂过去的痕迹。在20世纪之交，普遍认为反映当代生活是新艺术派的主要特点；很多批评家和艺术家都认为它坚决地摒弃了过去。尽管新艺术派意象标志的是根深蒂固的文化转向，很多母题仍然扎根在熟悉的历史风格当中——法国的罗可可风格或凯尔特卷纹和交织花纹就是很好的例子。

19世纪90年代，让-马丁·沙柯（Jean-Martin Charcot）和伯恩海姆（Hippolyte Bernheim）开创了新心理学（psychologie nouvelle），提出外部世界直接影响内部神经系统的假设，启发法国象征派艺术家古斯塔夫·莫罗（Gustave Moreau）、奥迪隆·雷东（Odilon Redon）和罗丹（Auguste Rodin）把梦境表现成寓言。同样，法国新艺术派设计师埃米尔·加莱（Emile

Gallé)运用旋涡、"神经"线条和扭曲的形态暗示复杂拟梦境。心理学家鼓吹回到宁静的内心世界去舒缓疲劳的神经,而奥尔塔忙得不可开交的室内世界和加莱的花瓶看起来反映的都是焦灼不安的心理状态。[6] 新艺术派盘旋、滴漏、植株形式及其对人体的忸怩再现也影射了情色的新理解——它产生于对人类性生活的感知有变化。19 世纪末开始,人们首次对性从事科学研究,"同性恋"这个词也是该时期创造出来的。比亚兹莱画笔下有眼神淫荡的好色之徒和萎靡青年,嬉闹的姿势非同凡响,往往有挑逗性,画面大量出现含蓄甚至露骨的同性恋主题。其他人的这种情绪则更加拐弯抹角——比如贝伦斯的海报"吻"(1898)上面没有性别的情人们——阴阳人的形态,常常模糊了男女性别特征。

19 世纪和 20 世纪之交,公认新艺术派的主要特色是这种反映新时代的能力,所以许多人称它"现代派"。支持者断言新艺术派是"全新"的艺术,拥有很高的地位;新艺术派拥抱"现代性",从而归属了新的时代。然而,虽然有批评家称赞这种现代性,也有人却指该派"怪诞"、"不健康",甚至说它由"病态思想所致"。[7]

从"荒诞病态"到"新自由"

20 世纪初,正当新艺术派对大众的吸引力如日中天之时,其在批评界的声名却开始下滑。英国的新艺术派日益与唯美主义,尤其是奥斯卡·王尔德牵扯在一起,后者 1895 年因同性恋被捕入狱。1901 年,《建筑评论》(*Architectural Review*)发表文章《头手枷,新艺术派在南肯辛顿》,把新艺术派称为"荒诞病态"。[8] 1904 年,《艺术杂志》(*Magazine of Art*)刊登建筑师沃伊齐(Charles Voysey)的访问报道,称新艺术派是"感官的纵欲",

评价它"格外不健康且招人嫌"。[9] 1930年,美国史学家刘易斯·芒福德(Louis Mumford)回忆说,新艺术派被"毫无意义的风格繁荣"[10]掌控着。同年,约翰·贝奇曼(John Betjeman)全面考察了新艺术派,承认它已经生产了"大批丑陋的餐边柜和令人作呕的前门"。[11]要不是有两股势均力敌的力量,历史学家很可能把新艺术派归类到湮灭的历史中去了。当时有一小批学者,其中很多跟其时还很年轻的纽约现代艺术博物馆(MoMA)结盟,试图重新证明新艺术派对现代派举足轻重。同时期,西班牙超现实主义画家萨尔瓦多·达利(Salvador Dalí)和意大利"新自由"派建筑师却主张,新艺术派拥有另一套联想意义。随后的摩擦导致了新艺术派的转向——从德国出生的英国学者尼古拉斯·佩夫斯纳(Nikolaus Pevsner)在30年代主张的功能派艺术,变成了60年代反文化的宠儿。

起先,对于新艺术派遗产的辩论局限在现代艺术博物馆的高雅小圈子内。从1929年建馆起,首任馆长艾尔弗雷德·巴尔(Alfred Barr)就努力发掘"能赋予现代艺术以根和体面身世的历史先例和先辈"。[12]巴尔和一小批同事尽力确立新艺术派和现代派的亲缘,关系虽不牢靠,却事关重大。新艺术派在学术界的声望落寞已久,巴尔无疑要打一场硬仗。

然而,1933年,巴尔终究说服自己的好友,同时也是现代艺术博物馆建筑分馆的创建负责人美国建筑师菲利普·约翰逊(Philip Johnson)组织了一场小型展览,主题为"1900年风格"。小小展览是短兵相接的奇迹。约翰逊毫不掩饰地信奉包豪斯的审美卫生处理(aesthetic sanitization),而且一直在策划旨在展出现代工业技术的"机械艺术"展。该展览后来于1934年举办,是展览馆的开馆展会。"1900年和今天的物体"展将一系列新艺术派物件和当代对应物品配对展示,所以约翰逊称这次展览对比了"两个摩登时代",同时也展示"两者未必见高低"。[13]然而,这次展览揭示了两代人的摊牌。从约翰逊纽约寓所搬来的威廉·瓦根费尔德(Wilhelm Wagenfeld)的当代灯具,跟从约翰逊母亲家里借来的新艺术派铜质灯具并列摆放。虽然约翰逊最终放弃了原定标题"1900年的装饰物件与今天的实用物件",但最后一场展览仍然用这句话作标语,表明了他本人对新艺术派模棱两可的崇尚情绪;在功能派时代,大众普遍认为新艺术派华而不实,约翰逊也持有类似的偏见,这一点在展览中显而易见。《纽约客》一篇评论称赞这个展览是"探险聪明装置……容易让博物馆的其他东西看上去古板又落寞",[14]简朴的白色内饰预示了约翰逊的"机械艺术"博览会,确立了他艺术鉴赏主宰的地位,却也引发了博物馆学的肃穆气质,不利于新艺术派装饰。

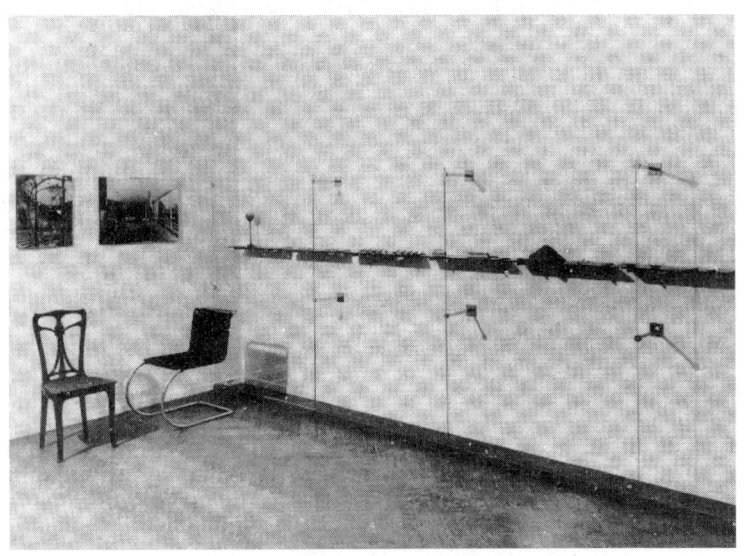

"1900年和今天的物体"上的装置,1933年,纽约现代艺术馆。

不过，巴尔争取新艺术派合法地位的斗争在继续，并且逐步磨蚀了抵抗力量。美术馆的"达达主义和超现实主义艺术"（1936）展上，新艺术派短暂露面了。1942年，他推动美术馆从赫克托·吉马尔遗孀处接受了匿名流亡、客死纽约的吉马尔的遗赠。1948年，阿德琳·吉马尔要将夫妇俩位于巴黎莫扎特大街122号的花神公寓捐给国家，遭到法国政府拒绝，巴尔推翻博物馆托管会理事们的意见，购买了吉马尔更多的遗产。[15]他还联合包括佩夫斯纳在内的很多志同道合的学者：佩夫斯纳在《现代派运动的先锋——从威廉·莫里斯到沃尔特·格洛皮乌斯》(*Pioneers of the Modern Movement from William Morris to Walter Gropius*, 1936)中，把新艺术派定位成当代现代派的先驱。[16]整个纽约都接受了他的思想，1949年，现代艺术博物馆甚至许可以其大名鼎鼎的品牌标记，重新发行了这本书。然而，尽管巴尔和佩夫斯纳不遗余力地要把新艺术派树立成现代派先驱，其重新流行时却把自己的前身描述成现代派的另类对手。

真的，正当巴尔处心积虑要把新艺术派纳入现代艺术博物馆时，达利也注意到了施加给新艺术派"长久且可耻的压制"，但他决定用另一种方式"复仇"。[17]童年时代数次巴塞罗那之旅，让年轻的画家早早熟悉了高迪设计的戈埃尔公园溶柱(melting columns)、扭曲露台和造型奇特的鱼背。几年后，达利断言，法国和西班牙新艺术派的古怪溶柱和梦幻造型，都呼应了超现实主义的审美日程。虽然达利1930年的著作《看得见的女人》就提到这种风格，但1933年的文章《论现代派建筑可怕的美及秀色可餐》(De la beauté terrifiante et comestible de l'architecture modern style)才全面展开了作者对新艺术派的思考。[18]达利用摄影师曼·雷(Man Ray)的照片配图,把新艺术派表现成完全非理性的艺术风格,而后者则用诡异的影像将巴黎地铁入口变成了怪诞奇异的头像,配合作者的构思。达利刻意无视苏格兰和奥地利新艺术派节制严谨的几何图形,称赞像吉马尔和高迪这样的设计师代表了"建筑的边缘"。他一方面压制"当代美学的肥猪,该死的'现代艺术'卫道士",另一方面盛赞新艺术派,声称不惜"为之与整个艺术史作对"。[19]

达利当时的画作,比如"祭品的亵渎"(The Profanation of the Host,1929),结合了弯曲和波浪形状,令人想起新艺术派设计。不仅如此,他设计的超现实主义物件也如法炮制。从30年代初起,他就与法国设计师让-米歇尔·弗兰克(Jean-Michel Franck)联手重做了几把新艺术风格的椅子;把原来的皮革椅面换成巧克力,把椅子腿换成路易十五式的门把手——达利把这些物件变成了毫无实用价值的东西。他对新艺术派最复杂的重塑,莫过于1936—1937年间设计的"红唇沙发"——模仿电影明星梅·韦斯特(Mae West)夸张得好像被蜜蜂蜇过的红唇而设计。在"偏执狂家具的诞生"(1936年前后)一类的画作中,达利把明星脸变形成市民阶级公寓,画框般的眼睛,壁炉样的鼻子和唇形的沙发(后来在弗兰克的帮助下构筑了沙发)。梅·韦斯特自成特色的羽毛连衣裙,沙漏样的身材以及她对19世纪90年代角色的偏好,都把她与"美好年代"(Belle Epoque)关联起来。达利的自传《萨尔瓦多·达利的秘密生活》,紧挨着《红唇沙发》发表了高迪的米拉之家的照片,声称大楼曲线曼妙的铸铁露台与梅·韦斯特嘴唇有异曲同工之妙。但其非理性主义也是对盛行的"国际风格"的叱责。

第一章 新艺术派又翻新了

梅·韦斯特"红唇沙发",根据达利的设计,鹿特丹博曼斯博物馆,2005年。

新艺术派对梦境意象的再现,体现了19世纪末的新心理学,也唤起了达利的兴趣。达利把"释放、自由、无意识机制的开发"列为新艺术派的"主要特性"。[20] 他认为,梅·韦斯特唤醒了人的肉欲和非理性,暗合了他回应弗洛伊德时提出的偏执狂批评理论的某些方面。相应地,新艺术派四下弥漫着弗洛伊德理论的口唇期固着;达利称赞高迪和吉马尔的作品都是"秀色可餐"。[21]

达利混合情色吸引力和审美自由,对新艺术派的再现大胆拥抱了过去,而当时现代派先锋却每每致力于向前看。超现实主义派无视达利的反对姿态,而包括都灵建筑师卡洛·莫里诺(Carlo Mollino)在内的建筑师却认可了他的立场。像达利一样,莫里诺避开了当代的理性派大潮,而那是意大利同代法西斯先锋派的最爱。莫里诺为朋友、建筑师乔治·德瓦勒(Giorgio Devalle)构思的戴维勒公寓(CasaDevalle,1939)室内设计,就包含他向达利致敬

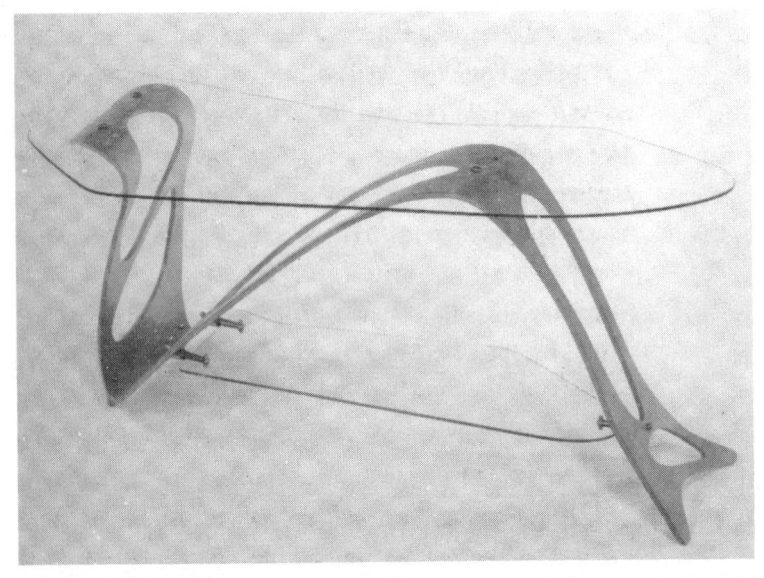

莫里诺,"阿拉伯舞姿桌",约 1950 年前后,伦敦维多利亚和阿尔伯特博物馆。

的作品———一座重新诠释的"红唇沙发"。[22]他与达利一样,对巴塞罗那建筑师高迪充满兴趣;1949 年,甚至设计了一把自称的"高迪椅"。莫里诺最出名的作品,比如阿拉伯舞姿桌(1950 年前后)等,都保留了高迪的影响。他积极应和新艺术派非理性特色的热情也跟达利一样,坚信"要允许任何异想天开的事物"。[23]

在某些方面,莫里诺引领了对意大利战后先锋派更宽泛的纪念,回味的不只是作为现代派根基的新艺术派,更多的是 19 世纪末的幸福时代(*tempi felici*)。意大利不是战后推崇新艺术派的唯一前法西斯国家。虽然遭到纳粹关于新艺术派过于"精致"、"壁垒森严",又过于"颓废"断言的重创,[24]德国青年艺术和维也纳分离派依然在 40 年代末崛起,俨然是欧洲博物馆的宠儿,法兰克福、汉堡、慕尼黑和苏黎世等地的博物馆,纷纷重视复兴和研究新艺术派。然而,却是一群松散归附的年轻意大利建筑师和设计师,对于称为"新自由派"的19世纪末老风格,提出了另类的重述。

意大利的新艺术派称"自由风格",名称来自总部在伦敦的百货公司"自由公司"(Liberty & Co.),由它将英国版"自由派"在全欧传播开来。意大利派比法国和比利时同道更强调传统的装饰形式,特别是花形装饰;其众多别名之一就是花叶饰风格(*stile floreale*)。它在1902年都灵现代装饰艺术首展(*Prima Esposizione d'Arte Decorativa Moderna*)展出,宣告意大利走上了现代设计舞台。新一代建筑师在意大利北部修建了很多自由派的别墅和公寓,意大利晚辈们往往认为意大利工业化和城市化大跃进跟新自由派难解难分。虽然大部分新自由派房屋都建在都灵和帕尔马的林荫住宅区,但在战后意大利人的集体想象中,黄金地平线(golden horizon)也应有这类房子,体现了该国早期的工业化热望和实现未来繁荣的潜能。

意大利新艺术派的诱人魅力并没有被法西斯所牵连玷污。自由派在两次大战的间隔饱受磨难,因为法西斯批评界时而偏爱严谨的理性主义建筑,时而中意表现古罗马帝国(Romanitá)概念的历史至上古典派。很多新自由派建筑蒙受过度修饰或者异域化的罪名,遭到捣毁。但是墨索里尼倒台之后,从前诋毁新自由派的批评家也理解了旧时代的情感魅力。新自由派建筑师的反对者,意大利评论家布鲁诺·泽维(Bruno Zevi)也承认,"即使我们的祖父把攒奶油当灰泥抹到建筑上去,也远比我们的父兄(法西斯一代人)做的坏事少"。[25]

意大利对新艺术派恋恋不舍的感情不仅是怀乡恋旧,更是一种象征符号代码,成为跟随莫里诺的一代人以历史为本的异见形式。新自由派并没有明确划归派别,但包括很多建筑师、编辑和记者;对于诋毁者来说,新自由派似乎处在"意大利设计界的精神病边缘"(一位批评家语)[26]。塞吉奥·阿斯提(Sergio Asti)、加埃·奥伦蒂(Gae Aulanti)、艾马罗·德·伊索拉(Aimaro d'Isola)、罗贝托·加贝蒂(Roberto Gabetti)、维托里奥·格雷戈蒂(Vittorio Gregotti)、埃内斯托·罗杰斯(Ernesto Rogers)和阿尔多·罗西(Aldo Rossi)先后与新自由派有关系。第一批投身本土新艺术派的,就有莫里诺以前的两个学生,都灵建筑师加贝蒂和德·伊索拉;1950年,加贝蒂甚至加入了莫里诺正在执教的都灵理工大学,做老建筑师的助教。他们的设计作品,如犹太研究中心伊拉斯莫工作室(Bottega d'Erasmo),把其他装饰元素融入了新艺术派。该建筑不规则突出的窗户让人想起格拉斯哥艺术学院,尖尖的拱顶又像清真寺。新艺术派图形的符号性使用配上史地典故,本身就是对理性主义的批评,还是引起了同代批评家的注意。

新自由派建筑师从发霉的博物馆发掘出新艺术派,并且把它的影响融入新建筑,让现代派的追捧者目瞪口呆。1957年,《卡萨贝拉连续体》(*Casabella Continuità*)杂志登了描述加贝蒂和德·伊索拉建筑的文章之后,两人就被泽维贴上了异教徒的标签,泽维把新自由派看成"人类堕落典型症状"。[27] 1959年,英国批评家雷纳·班纳姆(Reyner Banham)就将新自由派定义为"婴儿期衰退"。班纳姆跟他老师佩夫斯纳一样,坚信新艺术派的历史重要性,但是他突然不愿二次发掘了。他把新自由派称为一种"倒退",认为"穿那些旧衣服就像马里内蒂描述的罗斯金一样,是'一个身体发育成熟的人,却还想睡婴儿床,再次吸吮干瘪奶娘的乳汁,好找回童年的若无其事'"。[28]

第一章　新艺术派又翻新了　　37

加贝蒂和德·伊索拉，
伊拉斯莫工作室，都灵，
1953—1956年。

造就和改革

大西洋彼岸，新艺术派同样以审美忤逆的姿态出现。一小批艺术家、博物馆长和记者亚文化，利用新艺术派来摆脱当代作家和批评家约翰·雅各布斯(John Jacobus)所谓的"我们自己的格外倦怠，就是对1945年战后建筑实在过分强烈的理性怀有不满"。[29]其他人却抱怨说，信奉新艺术派的都是些"故作风雅的人(chi-chi-ists)"。

战后的美国人并无法西斯遗产的纠缠；艺术和设计机构都毫不含糊地把现代派当成体现经济富足和文化高尚的商品。像战后"优良设计"运动，那是跟现代艺术博物馆关系密切的现代派产品设计方案，归结为简约与功能审慎结合，量产跟质量并行不悖。比如说，现代艺术博物馆主办的一系列"优良设计"展突出的风格严谨、毫无修饰的家什,就是现代派的模范作品,旨在改造社会,一所一所地重塑中产住房。但是新艺术派的复兴,尤其是设计师蒂凡尼的作品,在战后的美国扮演了不同的角色。50年代,记者和收藏家并不是把新艺术派当作实证主义的设计改革运动介绍给美国公众的,更多的是带着异国情调和个性解放的口味把它引入美国。大众瞬间重新发现了蒂凡尼丰富的感受力,认定他的设计都是"令人眼花缭乱的别致作品"。[30]

无论蒂凡尼是否故作风雅,他的名声几十年之内曾经自由落体,岌岌可危。世纪交替之际,有钱人家的室内装潢满是他设计的鲜艳玻璃或者闪色玻璃。"1900年前后,他处在时尚界的巅峰",文化评论人艾琳·B.萨里嫩(Aline B Saarinen)如此评价蒂凡尼,但是他在"20—30年代间掉进了受人奚落的泥潭"。[31] 蒂凡尼的玻璃散布了一阵道德颓废的风气;其衰落时期,很多唯美主义者都把它看作"魔鬼安插进我们家里的第五纵队内应"。[32] 蒂凡尼的公司终于在1932年宣告破产,存货在拍卖会上以远低于成本的价格出售。有些东西卖不出去,干脆就扔掉了,剩下的大多直接让废品商运走了——他们把名贵灯具的玻璃全部打碎,好得到更值钱的铜。1954年,艺术商人斯蒂文·布鲁斯(Steven Bruce)回忆说,有次去探访一位旧货商,他家儿子正把蒂凡尼的精致玻璃灯挂在树上,当作弹弓靶子射着玩。[33]

1957年,蒂凡尼大获赞誉的豪宅罗莱顿大宅(Laurelton Hall)付诸一炬,身后财产总值落到谷底,而此时他的作品却"复苏",遭到扫盘。蒂凡尼能重新崛起,部分归功于学院派和艺术馆对他事业的再次认可,1958年纽约当代工艺品博物馆(the Museum of Contemporary Crafts)的回顾展把他的名气再次推上巅峰,但大众多半还是为了赶时髦才重新回味这种已然过气的艺术风格。抽象表现派画家西奥多·斯达莫斯(Theodore Stamos)用蒂凡尼的灯具和比利时新艺术派设计师路易斯·梅杰列(Louis Majorelle)的家具装饰他在纽约的工作室和长岛的别墅。后来的时尚潮流先锋,影响力巨大的商业画家安迪·沃霍尔(Andy Warhol)引人注目地把一盏蒂凡尼大灯摆在他纽约公寓的曲木椅旁,成就了日后加尔文·汤姆金斯(Calvin Tompkins)称为"维多利亚超现实主义(Victorian Surrealist)"[34]的室内装饰风格。为该渠道供货的纽约商人们,比如古董店主莉莲·纳索(Lillian Nassau),干脆就把店铺的主营业务从十八、九世纪古玩转向蒂凡尼作品。家具设计师爱德华·沃姆利(Edward Warmley)不仅用蒂凡尼的东西装饰自己奢华的公寓,还把蒂凡尼的玻璃制品等新艺术派设计用到邓巴公司(Dunbar)昂贵的家具设计中。纽约的流行服饰店和奇缘餐厅(Serendipity Three)也都高调地从屋顶垂下密密麻麻的新艺术派吊灯,既装点门面,也向趋之若鹜的收藏家出售。评论界没有放过这股时髦的收藏热之中的贪婪:1955年的时候,艾琳·萨里嫩把这类狂热者划分出"诚实的"收藏家之列。她在《纽约时报》撰文说,蒂凡尼以及延伸的新艺术派作品,引起了那些"因为变态而喜欢失宠的东西"者的兴趣。在萨里嫩看来,这种收藏者明白无误就是"故作风雅的人"。[35]

抛开变态不说,收藏别人当作"垃圾"的作品,确实需要品味。战后的美国人陷入了史无前例的大销量消费主义热潮中,然而不论是绝不赶时髦的纽约第三大道,还是出售新艺术派灯具和废旧汽车零部件的乡村路边小店,蒂凡尼的东西都被交到垃圾商人之手。不过,跳蚤市场淘到的便宜货,或者街头垃圾堆里捡来的小零碎,对于大众消费扔下的垃圾的迷恋,还是在罗伯特·劳申贝格(Robert Rauschenberg)的"新达达主义"(Neo-Dada)

作品中横扫了艺术界。新艺术派的再现,无疑对这种拾荒者美学施了一招历史性的大挪移。1958年,辛西娅·凯洛格(Cynthia Kellogg)在《纽约时报》杂志一篇描述蒂凡尼作品复兴的文章中写道,"一代人丢弃的废物可能就是下一代收藏的宝贝"。[36] 1956年,一位曼哈顿商人解释说,到他店里淘宝的客人经常"轻蔑地说'外婆竟扔掉了那个'"。[37]

抽象表现派画家西奥多·斯达莫斯与新艺术派收藏,1958年。

纽约奇缘餐厅,约 1960 年。

到了 50 年代末,"垃圾"收藏开始将新艺术派复兴推向大众领域。这股潮流的中心是个传奇人物——小埃德加·考夫曼(Edgar Kaufmann, Jr.),匹兹堡百货公司世家的传人,也是现代艺术博物馆的副馆长,一度曾投身建筑师弗兰克·劳埃德·赖特(Frank Lloyd Wright)门下学习,后者后来为他父亲设计了经典的落水山庄(Fallingwater House)。年轻的考夫曼帮助现代艺术博物馆组织了一系列展览,以1938年"有用的物件"展达到高峰,他随后来现代艺术博物馆任职。这时,考夫曼对蒂凡尼的作品"着了魔"。他对新艺术派的兴趣并非像大马士革闪电一样心血来潮:经过多年收藏,他已积攒了大批蒂凡尼玻璃制品。考夫曼甚至影响了其他人:住纽约同一幢大楼的邻居沃姆利,就把自己对蒂凡尼入门的事情归功于他。

这股复活风潮可以说与对生物形体的兴趣并驾齐驱。查尔斯和蕾·埃姆斯夫妇(Charles Eames, Ray Eames)、伊洛·萨里嫩(Eero Saarinen)及阿内·雅各布森(Arne Jacobson)开始对奇形怪状的原生动物兴趣盎然,如此就将有机现代派引入了战后的欧洲和美国。像达利的沙发模仿梅·韦斯特的红唇一般,生物形态主义对现代派理性主义表现出和谐有机的回应。玻璃纤维和塑料等新材料出现,推动众多战后设计师采用有机的设计词汇。1954年,设计师艾托尔·索查斯(Ettore Sottsass)把新艺术派称作"世纪中叶的设计圣经",并发现了当代有机现代派和新艺术派的无数并行不悖之处。[38]

考夫曼宣称,"现代派经过严肃刻板的四十年之后",世道要变了,他把蒂凡尼作品当作美学解药来推销;他甚至揭示了支撑这一战后现象的某些脚手架。[39]考夫曼认为,"解放的驱动力"给他的写作带来清晰的紧迫感;尽管他关于优良设计的计划时常拖出"位高则任重"的云朵,却说蒂凡尼作品具备"异域风情"、

"令人着魔",而这些品质"已经被现代设计流放了多年"。[40] 其他作者也重复了这些魅惑和个性解放的吟诵。艾琳·萨里嫩也注意到1955年的"蒂凡尼复兴",发觉"梦幻、卷曲的复杂线条,装饰和自然形态等品质……实际上在现代设计当中'被明令禁止'了"。[41] 流行期刊《室内》(*Interiors*)和《美丽家居》(*House Beautiful*)都赞美蒂凡尼的"异域格调",通常说新艺术派"肉感"、"令人振奋"又"聪明"。蒂凡尼风格的室内装饰如奇缘餐厅营造了一种气氛,有业主说它是一个"仙境",充盈着"热切的家居味道,又异域风情十足"。[42]

50年代,新艺术派的"复兴"不像有机现代派那样备受尊敬,其特色之一就是很多收藏家都是抱着玩票的心情获取藏品。1956年,时尚杂志《哈泼斯》一篇讲述蒂凡尼作品重新登堂入室的文章,就拿新艺术派"微妙的怪癖"跟当代的"好品味"进行比照,声称新艺术派"既有味道又丑恶"。匿名的作者甚至说,最近买了"一盏装饰了花鸟和水果的灯罩,装饰品有着艳丽的玻璃材质,孩子们一看就明白了,我买了'那玩意儿'",是一个审美的内部笑谈,可引起"不舒服的笑声"。[43] 对新艺术派的学术研究也普遍被当成美学小把戏。约翰·卡纳迪(John Canady)在《纽约时报》撰文对现代艺术博物馆1960年的展览"新艺术派:世纪之交的艺术与设计"表示有限认同,同时也指出参观博物馆的人们发出"无可非议的笑声,愉快的审美颤抖"。[44] 人们就这样半认真半戏谑,态度古怪地接受了新艺术派。

新艺术派的"过气"美学最能言善辩的支持者要数苏姗·桑塔格(Susan Sontag),她对新艺术派欣赏爱护,也对坎普文化发展影响深远;桑塔格1964年给《党派评论》(*Partisan Review*)

撰写了《坎普札记》，无视传统的编年史美学分类法，眼光聚焦新艺术派。她虽然介绍说坎普文化是"无法定义"的，但也明白写出坎普文化对风格化和夸张的偏爱。在桑塔格看来，坎普文化本质上是无内容的、去政治化的审美，一种偏爱"大胆机巧的享乐主义"形式的品味。[45]桑塔格认为，新艺术派是坎普文化的最佳范例，因为它具备"最典型、发展最完备的坎普风格"。[46]她不仅把蒂凡尼灯具和比亚兹莱画作列入"属于坎普文化经典的随机范例"，还很快宣称吉马尔的地铁入口的卷曲花纹和高迪密集雕像般的圣家大教堂都是实际应用坎普文化的典范。[47]

桑塔格研究新艺术派的办法，植根于战后的回潮美学，学术上不及现代艺术博物馆甚至考夫曼严谨。美国作曲家内德·罗勒姆(Ned Rorem)声称，她在流亡法国的美国作词家埃利奥特·斯坦(Elliott Stein)的巴黎公寓里发现了《坎普札记》的"主要源头"。[48]斯坦公寓的装饰格调包括当时流行的蒂凡尼灯饰，以及从圣水盆到肌肉男图片的一系列物件。就算考夫曼笔下宣传蒂凡尼，这种风格依然高处不胜寒；诚如萨里嫩1955年所写，蒂凡尼热潮只是一小撮审美先锋尝鲜的果子罢了，"还没有深入人心"。[49]桑塔格也认定，新艺术派热潮就像其他所有坎普品味一样，都属于由趣味定义的"自我选择的阶级"。在一个原本民主平等的文化中，这样的感觉可以定义新型的贵族，坎普对其而言不过是"一个城市小圈子内部的私人章法，乃至身份像章"。

蒂凡尼藏品并非张扬怪癖的区分因素，桑塔格却将坎普文化——继而是新艺术派，与战后时代的隐秘的同性恋美学相等同。桑塔格说"临场自我选择的阶级，以同性恋为主"是"贵族品味"，把边缘化转变成"私人章法，乃至身份像章"。[50]虽然新艺术派曾经被唤作"扭曲的病态",以前跟同性恋有染是污点,但桑塔格的加力策略将新艺术派的"不正常"转化成备受追求颂扬的品质。桑塔格说,不管是看贝蒂·戴维斯(Bette Davis)的电影,还是拥有一盏蒂凡尼灯具,都在造就一种新的社会精英,欣赏或拥有特别的物件或产品,就定义了这种人士。

"故作高雅的人"也好,新自由派也罢,越来越多的收藏家、博物馆长和记者都把新艺术派看成针对战后美学主流的解放。虽然作为实证主义设计改革的新艺术派构想没能抓住大众的想象力,坎普文化的新思维却给这些团体提供了批评反对的重要语言。坎普文化与权力和颠覆的关系复杂,总在边缘地带狂喜;新艺术派已经变成了相对于"好品味"的诱人甚至反叛的对照品。如果说新艺术派的复兴成就了一个美学内部笑谈,它同样也透露了对于上一个时期的超脱感,甚至优越感。

新艺术派市场

1966年,迎接纽约艺术指导俱乐部(Art Directors Club)年展的招展作品是一幅五英尺长的海报,一位身上彩绘了幻彩荧光色(Day-Glo colors)的裸女郎,像土耳其宫女画里的女子一样仰卧在海报上。蜿蜒卷曲的花形和旋涡状彩虹装饰的模特身体,确证新艺术派涉足了60年代广告营销。汤姆·戴利(Tom Daly)设计的这张海报实际上是博采各种风格之长。但它的新艺术派当代认同却证明了后者蒸蒸日上的市场影响及其对平面设计师持久的吸引力。新艺术派在博物馆的艺术回顾展中备享荣耀,频频在舞台和电影背景中得到模拟,也成为高格调拍卖会

奥黛丽·赫本站在新艺术派彩色玻璃窗户之前。《窈窕淑女》,1964年。

上人们追捧猎奇的对象,但最能反映它复兴影响的还是市场。掩藏在解放原创性和自我表现的巧言外衣之下,新艺术派迅速与产品兜售联系到一起。

随着坎普品味在60年代初走红,原创的新艺术派物件也大有市场。坎普式复兴不可避免地拉抬了新艺术派艺术家的身价。1964年，法国艺术史家莫里斯·里姆斯（Maurice Rheims）在《时代》周刊上回忆说，直到60年代，"才有埃及法鲁克国王以外的人想到要买吹制玻璃花瓶（Gallé vases）"。[51]然而，杂志激动地报道说，巴黎跳蚤市场淘来的一只六英尺的吹制玻璃花瓶不到一年价格竟翻了两番。[52]理所当然，便宜的赝品应运而生。到60年代中期，制造商都在兜售突然"又翻新了"的灯具，信誓旦旦地保证说，这些便宜的塑料和纸质的蒂凡尼仿制品，能给"所有房间平添独特的怀旧气韵"。[53]这类商品充斥了中产阶级的百货公司。

1964年，《时代》周刊宣告"新艺术派的复兴"已经来临。[54]艺术和设计界日益质疑现代派传统；很多艺术家、设计师和收藏家都开始转向他族文化或过去寻找灵感。维多利亚时代物品和爱德华时代的物品和古董在战后已有现成的市场，但最能抓住大众视线的还是新艺术派作品。无论是劳登·圣希尔（Loudon Sainthill）为伦敦音乐喜剧《半个六便士》（1963）设计的舞台，还是塞西尔·比顿（Cecil Beaton）的电影版《窈窕淑女》（1964）中华美的服饰和装饰风格，大受欢迎的舞台和电影布景设计，都从这种世纪之交的风格中寻找灵感。1967年，《时代》周刊又发文说，"从电视台标到卡夫坦长衣印花"，新艺术派"再来"的影响无所不及。[55]室内设计师都急于在自己的作品中找出新艺术派元素来，1966年，英国历史悠久的壁纸生产商科尔父子公司（Cole & Son's）重新起用麦金托什的几款刻板印刷（block-printed）墙纸。蒂凡尼也不例外；1965年流行文化评论人格洛丽亚·斯泰纳姆（Gloria Steinem）在《生活》杂志上撰稿说，这种新艺术派道具无所不在，时代广场的牛排餐厅都用它们来装潢修饰。[56]在纽约麦克斯韦尔李子酒馆(Maxwell's Plum)就餐的人,不会注意到佩夫斯纳和现代艺术博物馆的工作人员正试图确立蒂凡尼和新艺术派的现代派经典地位,但大部分上馆子的人都认出了它身上的坎普印戳。

阿方斯·慕夏(Alphonse Mucha)和吉马尔这样的新艺术派艺术家名声平地而起,他们的职业生涯在普通博物馆的回顾展也开始像流行歌星演唱会一般热闹。1966年通常令人困倦的夏季,维多利亚和艾伯特博物馆举办了比亚兹莱画展,结果参观队伍居然从博物馆门口排出老长。桑塔格两年前出版的《坎普札记》对比亚兹莱着墨良多,无疑燃起了民众对画家的热情,警察突袭博物馆近旁出售比亚兹莱版画的商店的新闻,也推波助澜。然而,爵士歌手兼文化评论人乔治·梅利(George Melly)约五年后写的文章中,追忆画作本身的部分远少于描述观展者人流的部分。他吃惊地发现该展览

> 挤满了人……很多一看就是艺术系的学生,还有些垮掉的一代,再有些可能是流行音乐人,绝大部分都很年轻,但几乎所有人都给人这样的印象:他们属于某个目的宗旨秘而不宣的神秘社团。我现在相信……那是我生平第一次遭遇新兴的地下秘密组织。[57]

美术和平面设计跟时尚及摇滚乐融会贯通,新艺术派注定要颠覆传统的命运和其坎普血统,迅速将它卷入60年代中期的反主流文化。比亚兹莱画展开幕不久,披头士乐队就发行了专辑《左轮手枪》(*Revolver*, 1966)。唱片专辑的印第安乐器

元素和探究心理的主题,宣告了流行乐的新走向,克劳斯·沃尔曼(Klaus Voorman)设计的专辑封面上,飘逸的神经线描缠绕着四个人的照片,着实是向比亚兹莱致敬的作品。事实上,比亚兹莱的画作在年轻人当中有了新的市场,很多设计师把他的风格融合到更广泛的领域当中:T恤、餐巾纸、火柴盒、领带、扇子甚至万花筒。有人还用比亚兹莱的意象做广告,推销消费品和服务,最出名的比如伦敦的参孙—大利拉理发店。

新艺术派祭出自由和颠覆的鬼话,但它也属于第一批用来向民众兜售"酷"的产品的艺术风格。它变成了反抗主流商品文化的镜子。装饰奇缘餐厅的蒂凡尼灯具毫不脸红地用来出售。《哈泼斯》一位作者讽刺蒂凡尼灯具充斥50年代末纽约的一家旧货铺,但他同时也震惊地发现市场对这些"怪物"的强大需求——并非收藏家猎奇,而是"大众认定这些玩意儿'赏心悦目'"。[58]虽然1966年夏警察还从声誉良好的商家查抄比亚兹莱的版画,9月份,"老祖母环游世界"(Granny Takes a Trip)这样的伦敦高级时尚女装店仍然在偷偷出售这些画作。

纽约艺术指导俱乐部的海报受新艺术派的启发而创作,只是主流市场商人迅速察觉新艺术派具有改造老掉牙产品和出版物的潜能的个例。新艺术派疲沓又肉感的线条始终受图形元素的严重影响,但它身上崭新的反主流文化印戳,又迅速将它变身为艺术指导的梦想。《美开乐》的艺术指导奥拓·斯托奇(Otto Storch)就给这本保守到有点刻板的老牌女性杂志来了个光鲜时髦的新艺术派大变身。弥尔顿·格拉泽(Milton Glaser)将受比亚兹莱启发的泳装女郎放上30年代创刊的老资历旅游杂志《假日》封面,透露的消费信息混杂着作奸犯科的魅力。

女青年观看比亚兹莱的版画，约 1967 年。

来自坎普文化也好，反现代派也好，甚至新兴的地下组织也罢，新艺术派表现丰富的卷曲、曲线形和书法笔画般的曲线，都是公认的离经叛道，反而具有挑逗性。整整一代平面设计师都视清晰和理性为优良设计的标度，印刷商和插图画家基本也都牺牲个人癖好服从普世设计原则的要求，因此复活派的形状看起来就相当具备解放精神；受这种格调影响的设计师眼中，"复活"不是一种拷贝形式，而是促成自我表现。1964 年，《印刷》(Print)杂志载文写道，这种风格"他们感觉比当时流行的平面风格更自由，也更个性化"。[59] 到 1968 年，新艺术派甚至已弥尔顿·格拉泽,《假日》杂志封面,1967年。

经在平面设计教学大纲里正式立足。老师们为了培养学生的创造力,勉励他们"用新艺术派进行设计"也是平常事。[60]

如果把新艺术派复活与某些平面设计圈子的天才创想联系起来,那么60年代末纽约麦迪逊大街就是狠狠利用这种回潮感情,提出了作为创造"另类"营销方案的关键构想。二战后的美国,保守主义在商业、特别是广告业一直占上风。然而50年代以来,业内有人批评所谓江山永固的技术官僚商业作风(self-perpetuating technocratic business practices);威廉·怀特(William Whyte)的管理学论著《组织人》(*The Organization Man*)里描述的能干又淡泊的态度,也因为老生常谈缺乏创意而遭到攻击。整个60年代,美国商界一直在寻找脱胎换骨、重焕生机的新路子。广告业的响动更是无与伦比。人口统计数字的新创意和潜在的买家目标追踪都运用到了这个行业,消费者身份和产品形象方才获得了重视。这样的发展在整个广告业引发了"创造爆炸"。[61]

在精妙的数据分析触发爆炸的同时,广告业史无前例地开始利用反主流文化的意象、标语和音乐,掀起流行风暴。二战后的广告设计多用无衬线字体和清晰简单的版面设计。不过,就像城里长大的巴黎人购买罗莎·博纳尔(Rosa Bonheur)画的19世纪母牛和色彩艳丽的农民田园画一样,60年代中期的消费者对一切新鲜未知的东西都趋之若鹜。最近的过去很新奇。50年代末起,广告人开始默念个性、创造和自我表达的新符咒。1969年铃木公司的广告大战催促购买者"表现自己",铃木的专营商甚至呼出了一句更加诱惑人心的宣言,绕梁回荡不绝——铃木摩托车拥有"放你自由的力量"。虽然有设计师争论说,如此的复活不过是"贫瘠的"练习罢了,[62]但新艺术派大受欢迎的复活仍然标志着消费习惯的转型。复兴的新艺术派甚至比原来的更有繁殖力,到60年代后期甚至收养了轻浮多变的拖油瓶——迷幻文化,带来了反主流文化魔法新上又新的视觉咒语。

新弗里斯科

1967年春,《时代》周刊宣称,"就像伽马射线轰击过的蝴蝶一样,新艺术派跟刺眼的欧普艺术(Op)色彩配置和波普艺术(Pop)华而不实的重商主义通婚之后,正在变异"。[63]该周刊把变异的风格等同于自己近期才报道过的旧金山嬉皮士发源地海特-阿什伯里区(Haight-Ashbury),给新面貌命名为"新弗里斯科"。[64]这种新艺术派启发的艺术风格是年轻一代的象征,坐落在旧金山和麦迪逊大街之间的"迷幻剂梦之地";尽管迷幻风格对《时代》周刊的读者还是陌生的变异体,年轻一代和不那么年轻的一代却旋即把它当作主流装饰风格了。此外,新弗里斯科把新艺术派跟其他多种元素充分杂糅到一起,昭示众人,回潮与现代的过去决裂,能够孕育崭新的杂交形式,超越了再现老风格的简单层次。

旧金山是50年代的垮掉派之都(capital of the 1950s Beat scene),60年代中期更成为一批反主流文化团体的家园,包括政治立场激进的掘土派嬉皮士和波希米亚派无政府主义嬉皮士,还有雨后春笋般的各色新音乐,颇吸引了全世界的注意力。杰斐逊号飞机(Jefferson Airplane)乐队和水银使者(Quicksilver Messenger Service)乐队都热衷于肯·克西(Ken Kesey)的快乐的恶作剧者(Merry Pranksters)乐队和地下天鹅绒(the Velvet Underground)乐队创造的先锋"迷幻"表演,用音乐在频闪闪光灯和彩色液体的灯光投影里模仿嗑药之后的迷幻效果。迷幻乐队印制传单海报在湾区偷偷派发——特别是大学校园附近,演出深深扎根到旧金山的反主流文化中,经常在菲尔摩礼堂(Fillmore Auditorium)和艾维隆舞厅(Avalon Ballroom)等地举行。

这些海报一方面可以当作社区建设的象征标志,另一方面也能阐释音乐,甚至还促进了迷幻风格的启动,一箭三雕。海报自20世纪中叶在美国被广播电视取代以来,正在年轻一代中复苏。而这一复活的颓废派(fin-de-siecle)广告形式,又影射了新的艺术风格。卡尔·贝尔兹(Carl Belz)1967年在《艺术国际》(*Art International*)杂志关于旧金山的报道,已经提到迷幻海报与波普、欧普艺术的姻亲关系,但他坚持,这种新的海报风格"如果非要归到一类风格旗下,那就是新新艺术派"。[65]招摇在海特·阿什伯里大街上过气的爱德华时代双排扣大衣和高顶大礼帽都在证明,反主流文化投向过去的湿润怀旧的一瞥已经相当明显。旧金山的"海报癖好症"同样也呼应了19世纪90年代的"海报热"。

在这载入史册的气候中,现代迷幻主义从新艺术派平面设计中找到了自己的缪斯女神;主要来源之一就是赫舍尔·奇普(Herschel Chipp)为《德国海报的青年风格和表现主义》(*Jugendstil and Expressionism in German Posters*)列的目录,那是1965年伯克利的大学艺术馆举办的颓废派海报展。现代艺术博物馆前馆长、1960年就为创造性的新艺术派回顾展铺路的彼得·塞尔兹(Peter Selz)是艺术馆创始负责人,他策划了这次展览,这恰恰是对博物馆已经推行了数年的老风格进行学术再评估。然而,展览的最终影响显然不那么容易预计。

1967年《时代》周刊称为迷幻风格"首席实干家"的罗伯特·韦斯利·威尔逊(Robert(Wes)Wesley Wilson)并未参观过伯克利展;但1966年初他发现了奇普插图精美的目录。[66]正在苦苦寻找史上各种海报风格的这位前哲学系学生,深深陶醉于引人入胜的青年风格和表现主义意象,一下子就采纳了他口中的"维也纳分离派字体"。[67]1966年,威尔逊为杰斐逊号飞机乐队演出设计的广告,模仿的就是艾尔弗雷德·罗勒(AlfredRoller)狭长花哨

第一章　新艺术派又翻新了　　55

罗伯特·韦斯利·威尔逊和迷幻派海报，约 1978 年。

的印刷体，后者为第十四回和第十六回分离派展览设计的广告复制收录在目录中。威尔逊继续在作品中使用类似的字体，并且融会贯通慕夏、古斯塔夫·克里姆特（Gustave Klimt）和埃贡·希尔（Egon Schiele）等 19 世纪末大艺术家的意象，延伸了自己的风格。[68]

设计师们有的旋即抄袭威尔逊的催眠风格，有的则争先恐后地寻找更多的新艺术派设计实例。在旧金山公共图书馆主馆搜索了各种新艺术派形象以后，奥尔顿·凯利（Alton Kelley）和斯坦利·毛斯（Stanley Mouse）开始逐字借鉴慕夏的设计。例如，他们 1966 年为艾维隆厅的演出设计的海报，几无改动，照搬了慕夏 1897 年为 Job 香烟设计的著名广告。海报画家里克·格里芬（Rick Griffin）把 19 世纪末插图画家古斯塔夫·杜雷（GustaveDoré）的作品当成最主要的灵感来源。[69]温室花草无精打采的卷须,水面上徘徊的天鹅,卷发蓬松缠绕、神态游离慵懒的女人充斥了他的画面,这些大都来自新艺术派意象。为了呼应新艺术派设计师强调的"总体艺术作品(*Gesamtkunstwerk*)",早期迷幻设计将音乐糅进美术,舞蹈融入环境,成就一种梦一般的、迷幻剂引发的超现实主义认同,同时也回应了上个时期的"新心理学"。

言必称坎普的迷幻艺术,对它的新艺术派源头摇晃着染了大麻香的手指。凯利和毛斯模仿慕夏的作品设计了一个指间摇晃香烟的模特,单刀直入地指向当时的毒品文化。当时最大的海报经营商之一则自称"大麻·劳特累克(Tea Lautrec)",向与新艺术派交往甚密的画家亨利·图卢兹-劳特累克(Henri Toulouse-Lautrec)借名,也借鉴了大麻的诨名。迷幻艺术家把新艺术派当作自由、非理性和情感的典范,更倾向回味达利和考夫曼,而不是巴尔和佩夫斯纳。威尔逊模仿维也纳平面设计师,也是因为崇尚"真正把内容摆出来的表现主义思想",与维也纳设计师的现代派倾向无关。[70]

为了能在金门公园(Golden Gate Park)的乐土(Elysian Fields)顺利演出,新艺术派脱离奇普艺术和现代艺术博物馆的学术展览风格,来了个大转型。1967年,《时代》周刊描写旧金山的迷幻音乐说,"在世纪之交的蜿蜒新艺术派风格东山再起后的十年里,变体越变越古怪"。[71]这不是真正的新艺术派复活,而是异花授粉的结果,混合了欧普(视幻艺术 Optical art)锋芒毕露的几何设计,印度和中东特色的新调色板和母题,达利、雷内·马格利特(René Margritte)等超现实派的梦幻意象,以及包括漫画像和众人熟知的广告"人物"的流行文化肖像——绅士牌(Planters)"花生先生"

和波顿公司(Borden)的"埃尔茜奶牛"都在此列。

然而,与流行文化的拍拖也透露了反主流文化音乐领域与迷幻文化,进而与新艺术派鬼混中的功能障碍因子。不少旧金山艺术家声称,自己的海报是艺术品,而不是商品。然而,他们无愧于原初新艺术派的商业动机,回过头的一瞥往往饱含商业目的;旧金山的海报艺术赞助人不是美第奇家族,而是演唱会的发起人。新艺术派启发的字形虽然起伏不定,要求读者关注,还圈定了一个愿意花时间解码海报的"内部团体",但是这些海报基本还是营销工具。刺眼的色彩表现的新艺术派回旋和卷须,很快就用来修饰旧金山店铺的门面,热切地宣告他们与反主流文化难解难分。

旧金山湾区关于当地海报艺术家要在纽约和洛杉矶的大画廊展出的流言四起,然而,旧金山的艺术家对外地一般没什么牵引力;他们的新艺术派母题太容易赶超了。威尔逊把作品集带到纽约,立刻发现自己的风格已经被彼得·马克斯(Peter Max)更明快也更商业的意象同化了。[72] 马克斯无所不在的"宇宙60年代风格"把新艺术派蜿蜒的和球茎的有机形状跟鲜艳的颜色与蒙太奇拍摄技术融合在一起。它们同样暗含着迷幻风格排外的内部美学,却比旧金山海报容易理解,也更符合大众的商业口味。英国的迷幻派把"老祖母环游世界"服装店视为早期的家园;店主迈克尔·英格利希(Michael English)与奈杰尔·韦莫斯(Nigel Waymouth)一道成立了哈珀沙士与彩衣(Hapshash and the Coloured Coat)迷幻摇滚乐队,并且将慕夏和比亚兹莱的意象融入为俱乐部演出、音乐活动设计的海报广告中。

旧金山海特区的两名嬉皮士，观看迷幻风格的橱窗，1967年。

迷幻艺术风格短暂地真实再现了20世纪60年代的青年文化，但新风尚的创始人很快就把它开发成了市场畅销的时髦。约翰·列侬(John Lennon)委托荷兰艺术团体"愚人二人组(The Fool)"装饰自己的劳斯莱斯,就清晰地表明"迷幻文化革命"正在变化。中产阶级家庭对卷须的花形、生机勃勃的涡卷、膨胀图形以及有机形态都敞开了大门——墙纸、服饰、珠宝和家具——外饰方面无所不包。虽然迷幻风格植根于秘密社团,是对流行文化商业主义醒目的反应,其美学却迅速归于流行了。1967年《时代》周刊再次刊登评论文章:

> 皇家赌场(Casino Royale)的最新广告是像蒂凡尼灯罩一样彩绘的一个裸体女人;《莎拉夫人》和路易斯·奥金克洛斯(Louis Auchincloss)《曼哈顿故事》的封皮纸套一看就是阿方斯·慕夏玩剩下的。从东海岸到西海岸,嬉皮士的集会,摇滚民谣音乐节,甚至画廊和百货商店打折的广告海报和陈列品,都是按照这种名叫"新弗里斯科"的艺术格调打造的。[73]

这些新鲜的迷幻艺术产品启迪了一代人的"时髦广告",是用来使皮夹子增厚的,而不是拓展思想意识的。

然而,迷幻艺术对新艺术派扭曲的运用吸引了主流广告人,他们凭尴尬的盲目本能抓住了这种短期的狂热。伴随着自由的视觉词汇,新艺术派意象成了营销商人的梦想,广告创新革命的成员也同样欣然接受了迷幻风格的销售潜力。对大多数人来说,迷幻风格旋涡状和荧光的图形,不过是撒了几粒提振销量的仙尘罢了。彼得·马克斯的彩色设计立刻到处被模仿,他1969年9月出现在《生活》杂志封面上,题为"富人艺术家的肖像"。软饮料、洗发水、电视情景剧，新型汽车的广告大战，都采用改造了的新艺术派发明的膨胀字体和扭曲无比的形状，表现迷幻之象原始生动的活力。约翰·奥尔康(John Alcorn)等设计师利用这种新风格将夏娃牌香烟和百事可乐等商品与令人愉快的骄傲和善意的狂妄联系起来。1969年，商业公司"照相排版有限公司"出版了一本迷幻风格字体目录，很多设计师宣称复兴终结——现在任何人都能用这种曾经难以辨认的字体排版了。

如果说20世纪初新艺术派还被当成病态的艺术，到1970年，大众主流事实上也被"接种"了。此时，颠覆派的鉴赏家已经抛弃了这种风格；新艺术派和迷幻风格最终出现在超市货架和电视上。在60年代末时尚领头人看来，新艺术派最终的陷落才是胜利；新艺术风格的旋涡修饰软饮料广告的时候，复兴的意义稀释了，用起来也掉价，其复兴就此死亡。学者、拍卖行和古董收藏家认可了新艺术派作为已经滑进历史的现代派新身份。然而，随着新艺术派一步步发展成艺术史经典，时尚前沿人士的视线很快被另一种来自现代之过去的新出炉的风格所占据——装饰艺术派。一种新的新艺术派发掘出来了。

第一章 新艺术派又翻新了

彼得·马克斯出现在《生活》杂志封面上，1969年9月5日。

第 二 章
现代派的时代

  1967年春,纽约的《艺术》杂志编辑部与萨尔瓦多·达利达成一致意见,认为罗伊·利希滕斯坦代表了现代化的比亚兹莱。而就在十年前,将任何人比作比亚兹莱是不可思议的:新艺术派显赫一时的那个领袖早就无人问津了。但是,1966年,伦敦维多利亚和艾伯特博物馆推出的比亚兹莱回顾展,却重新介绍这位插图画家,称他为发人深省的当代人物。刊登在《艺术》杂志上的照片里,比亚兹莱鹰钩鼻,手瘦小,显得十分高贵,拒人于千里之外;说明文字说他"面向未来"。照片对页上,利希滕斯坦摆了相同的姿势,波普艺术派画家似乎在瞪着新艺术派画家。利希滕斯坦的说明词是"面向过去",两幅照片配了达利的文章《埃尔维斯·普雷斯利如何成为罗伊·利希滕斯坦》。达利根本没怎么提及普雷斯利,反而提出了利希滕斯坦与新艺术派的关系,特别是比亚兹莱的作品。[1]利希滕斯坦先前曾经比较了他的《快淹死的姑娘》(1963)中阿拉伯式花式波浪线和新艺术派审美观。[2]然而,达利的文章令利希滕斯坦十分沮丧,后者认为,他摆出惊人姿态时,并不知道比亚兹莱的老照片。但达利和杂志编辑部最终证明是对的。利希滕斯坦与60年代中期许多波普艺术家同伴一起,已经在回顾过去,寻找着消费者文化的根。不过,让他浮想联翩的真正风格并不是日益流行的新艺术派,而是装饰艺术派。

装饰艺术派并非诞生于30年代,而是60年代所生。它跟太空时代塑料制品、日辉荧光色(Day-Glo colours)、熔岩灯一道,曾经席卷了英国、欧陆和美国。到1968年,人们把它与两次大战之间各自为战的一些通俗艺术设计运动松散联系在一起。尽管评论界现成地将装饰艺术派标签贴在画有太阳云彩母题的花里胡哨的烟盒和纽约洛克菲勒中心墙上镶嵌的时髦标记等最近重新发现的艺术品上,该风格的实际定义依然扑朔迷离,模棱两可。许多观察家认出该复古运动的半恭敬半反讽口吻,将其原始版本与波普艺术的噱头联系在一起。

装饰艺术派的视觉词汇到了60年代末已经无所不在,而派别的名称暗示着该年代末期的矫揉造作的轻快。在此之前,两次大战之间的艺术设计已经获得了一批轻蔑的绰号,例如"爵士乐现代派"和"阿兹特克航空公司派"。人们多次试图将20年代、30年代的通俗艺术与现代派相联系,结果产生了一批其他的名称,如法语Moderne[现代派],英语"现代风格"(modern style),还有贬义词"貌似现代派"(Modernistic)。许多法国评论家将这种设计发展同1925年巴黎举办的现代装饰艺术与工艺国际博览会(Exposition Internationale des Arts Decoratifs et Industriels Modernes)相联系,称整个时期为"巴黎25年"(Paris 25)、"1925年风格"(style 1925),甚至是"1925年模式"(La

Mode 1925）。直到1966年，巴黎的装饰艺术馆对该时代做了大规模调查，受波普艺术启发的简称Art Deco才成为展览会"25年代"（Les Annees 25）的副标题。欢迎该派别的人，还有被其突然复活而不知所措的人，很快就采纳了这个开玩笑的称呼。

波普艺术中凸显的许多消费和营销策略，植根于两次大战之间。评论界往往对装饰艺术派复活不屑一顾，说它是一阵风的时髦，但30年代本身使利希滕斯坦和沃霍尔等名流大感兴趣。装饰派就像新艺术派一样，不断遭到非职业史学家的洗劫和普及，不仅广为传播，而且自由混合，纳入了生动活泼的一堆历史与比喻之中。新复活的装饰艺术派植根于60年代情感之中，其影响远远长于一次性纸质裙子、黑光剧（black lights）、弗鲁格舞（frug）；"装饰艺术派"的发明也标志着回潮的成熟，使之成为重要而持久的现象。这同时标志着人们对于大机器时代的态度日益变得模棱两可。

现代化遇到现代派

从纽约克莱斯勒大厦上装饰的亮闪闪的不锈钢，到格雷（Eileen Gray）设计的镀铬餐边柜，后来定名装饰艺术派的风格诞生于两次大战之间。大众现代派强调大机器时代的新材料，造型优美或者程式化的几何图形，受到功能学派设计的影响，但缺乏它的理论深度。包豪斯、荷兰风格派（de Stijl）和俄国构成派的建筑师和设计师，有志于利用大机器启示的功能派作为社会改造的手段。他们的几何图形和流线型简化图形有意排除一切关于过去的参照物；相反，现代派建筑师和设计师偏爱一种"现代化再造的"古典主义,或者"朴素"的历史循环论。许多现代派人士谴责历史循环论,但"貌似现代派"建筑师和设计师常常借用从古希腊、古埃及、阿兹特克艺术提取的母题。貌似现代派本质上是综合性风格,跟现代派一样拥有大机器时代的镀铬眼见,两种模式均采取实证主义的未来观。

大战之间的这两种派别尽管今天看来是该时代的典型,却并没有主导那个时期。该时期的特点是一系列风格复活,包括英国的乔治王朝风格和美国的独立前殖民地风格。英国批评家奥斯伯特·兰开斯特(Osbert Lancaster)在讽刺调查报告《支柱之间徘徊:英国建筑没有眼泪》(1938)中以漫画方式描述了现代派和现代主义,同时在读者面前炫耀了一批当时流行、现在遗忘的风格。兰开斯特给它们取了诨名,如"可胜街巴洛克"(Curzon Street Baroque),指20年代好大喜功的法、德时尚,还有"股票经纪人都铎",指伊丽莎白时代房屋的再创造,当时在英美郊外很流行。

现代派跟这些风格一样,植根于旧的形式,但后来成为装饰艺术派的潮流也利用了各种现代主义来源,例如,科罗曼·莫塞(Koloman Moser)和约瑟夫·霍夫曼(Josef Hoffmann)的维也纳工作室(Wiener Werkstatte)的斜角形设计,俄国构成派的钝几何图形,立体派的断裂平面。现代派制作华美,奇异材料和普通材料并重,体现了轮廓分明的富态,充满了万花筒般的动态和光泽富华,这是镀铬和彩色玻璃的特性。尽管装饰派的许多特色在1925年巴黎博览会之前至少兴旺了十年,但博览会在推广传播方面功不可没。不过,令人费解的是,1925年扬名的优雅风格与60年代浮出的风格只有部分相关,大部分所谓"装饰艺术"是后来设计的,来自英美,且时过境迁。

装饰艺术派后来出现了比较大众化的阶段,莽撞地吹嘘大机器时代的母题,令该派别早先的作品黯然失色。这种后续发展也推动了60年代该派的复活。对于大机器时代的优雅而欲言又止的信心,因美国设计师威廉•提格(William Teague)和诺曼•贝尔•戈迪斯(Norman Bel Geddes)的装饰艺术派后期构筑而得到强有力的表述。另外,大萧条时期的经济学将貌似现代派美学与市场营销创新混为一谈。应用"有计划淘汰"的公司将时尚周期引入制造业产品,通过先前的款式在风格上突然死亡来促进汽车、电冰箱的销售。流线型,装饰艺术派这一后期主导风格,暗示着大机器时代响当当的力量。流线型物品中无处不在的泪滴形,代表着该风格作为营销策略的成功:雷蒙德•罗维(Raymond Loewy)设计的漂亮空气动力学卷笔刀(1933)看上去展翅欲飞。克莱斯勒公司的空气流轿车(1934),抛光的表面赋予车身动态的模样。

速度与技术革新是该时代挥之不去的东西,提供审美炫目感,创造了群体文化。例如,广播电台不仅仅使威尔•罗杰斯(Will Rogers)和鲁迪•瓦利(Rudy Vallee)名扬全国,而且成长为非同小可的广告媒体。从洗浴盐到别克汽车,电台推广的产品预示着战后电视时代的营销活动。好莱坞电影日益普及,特别是30年代,引进了共享的视觉文化,黑帮片如《小恺撒》(1931),音乐片如《42街》(1933),历史剧如《苏格兰的玛丽》(1936)。不管是体现为通用汽车公司的汽车,还是雷电华的电影,大众现代派在许多方面预示了波普艺术的到来。

大众现代派直言不讳的商业性,最终反而导致它灰头土脸,真是令人哭笑不得。貌似现代派从未得到正规设计评论界认可,在二战期间失宠。现代派建筑师和理论家,如密斯·凡德罗(Mies van de Rohe)和勒·柯布西耶(Le Corbusier)始终认为,只有他们搞的东西才有当代大机器时代意象的合法性。

现代派在战后时期并没有被边缘化,不过是被抹杀罢了。1958年,建筑馆长阿瑟·德雷克斯勒(Arthur Drexler)给现代艺术馆《20世纪设计》展品目录写序时,反对摩天大楼式书橱等貌似现代派设计的偶像,说它们是"真诚而不幸"的努力,进入艺术馆收藏是万万"不够格"的。[3] 瑞士建筑史家齐格弗里德·吉迪恩(Sigfried Giedion)在《一个年代的新建筑》(1951)序中说,在19世纪末芝加哥的创新建筑之后,出现了一个几乎完全解体的时期。他说:"远比美国人在世纪初被动入睡更具悲剧性的是,在关键的20年代,现代派建筑完全从美国视野里排除出去了。"[4] 不过,就算"貌似现代派"在学术上不值得称道的话,也没有被彻底遗忘。社会变迁改变了审美标准,将迫使重新审视"貌似现代派",为其在60年代末作为"装饰艺术派"重新登场鸣锣开道。

新的新艺术派

早在学者承认之前,公众已经准备复活两次大战之间的风格,哪怕原因仅仅是强度营销的新艺术派复活迅速失去了唯我独尊的地位。格洛丽亚·斯泰纳姆1965年在《生活》杂志一篇关于坎普的文章中说,蒂凡尼灯饰原先是时髦趣味的重要记号之一,自从用于装饰纽约的大众化牛排馆,就不再是小圈子的独享标记了。[5] 60年代新艺术派复活的普及性和营利性,使它在大众文化中无所不在。然而,随着普及性的扩大,其坎普独享性必然下降,使得追随者渴望更新奇的回潮现象。市场人士和收藏者都到处寻找替代品,寻找新的新艺术派。

许多大众观察家预计,大战之间的设计最终会流行。1966年,希拉里·盖尔森(Hilary Gelson)在伦敦《泰晤士报》上报道说,最近才成为"近期新艺术运动领导人"之一的室内设计师、舞台设计师马丁·巴特斯比(Martin Battersby),已经改换了收藏的门庭。[6]连在恢复蒂凡尼新艺术派名誉中影响极大的埃德加·考夫曼(Edgar Kaufmann),也指出趣味变了。他在《艺术公报》中评论60年代末一批装饰艺术派著作时,颇为勉强地说,"装饰艺术派似乎在年轻人的心中替代了新艺术派"。[7]

60年代的评论界认为,大众对装饰艺术派感兴趣,不仅仅顺理成章合乎逻辑,而且不可阻挡。1971年,克里斯托弗·尼夫在《乡村生活》上撰文,承认装饰艺术派复活来得正好。"以前的头等大事是新艺术派,"他说,"在草草看一下分离派和包豪斯风格之后,还有什么比随意涉猎其接班风格更加合乎逻辑呢,那个多种影响下产生的冒泡鸡尾酒,奥尔德斯·赫胥黎称为'两次大战之间'(Entre Deux Guerres)的风格"。[8]同年,让·普罗涅在《装饰艺术派:复活运动的解剖》一文中说,这种变化是自然接替,"发生一次,自然而然要再次发生;二三十年代的简单动态风格,在普及性上继承了新艺术派那种沉重、倦怠的繁杂难懂风格。"[9]贝维斯·希利尔(Bevis Hillier)倾向于类似的风格论,强调说,"不劳诺查丹玛斯大驾就可以预言,新艺术派复活后面就是20年代、30年代复活,历史重复自己,经典的直线风格代替复杂的曲线风格。"[10]同样不可避免的是,娜塔莉·吉特尔森(Natalie Gittelson)在《哈泼的集市》中说,"就像日夜交替一般,装饰艺术派接替新艺术派,成为伟大的、贪婪的、亦步亦趋的公众的收藏狂热。"[11]

珍妮特·马尔科姆1971年在《纽约客》上理论说,"装饰艺术派几乎一夜之间从尴尬的款式变成了历史风格",[12]如果这样,它的重新发现就不仅仅是赢得心中年轻人的问题了。装饰艺术派比新艺术派复活来势更猛烈,不是史学家发现的,而是拜各种各样的回潮普及者所赐,其中包括作家、博物馆长,特别是波普艺术家。这些艺术家通过定义和纪念自己性格形成时期的风格和偶像,也就是大众现代派和大战间时期的大众文化,帮助促成装饰艺术派向波普意象定型。

波普走向世界博览会

1964—1965年的纽约世界博览会,主题为"膨胀宇宙缩小地球中的人类",似乎不可能是重新发现装饰艺术派的地点。世博会的标记是700英尺高的三角尖塔(Trylon)和14层楼高、90万磅重的钢球(Perisphere),呈现地球各大洲分布在网格球体上的情况,宗旨是演示即将来到的太空时代。最最受欢迎的景点之一是"魔幻架空车",自动化的福特敞篷车载着游客穿过充满恐龙和穴居人的史前幻想世界,最后来到光辉灿烂的未来派"未来世界"。

可是,尽管世博会拥有未来派幻想世界,却徘徊着过去的鬼魂。1964年世博会跟其巨型前身1939—1940年世博会一样,在法拉盛草原公园(Flushing Meadow Park)举办。两次世博会都是著名城市规划设计师罗伯特·摩西(Robert Moses)组织的，甚至共享了某些大楼。曾经赞助1939—1940世博会的西屋、通用汽车等大公司回来了。通用汽车更新了群众喜闻乐见的"飞出个未来"(Futurama)展示。西屋公司展出了1939—1940年世博会结束时深埋的时代文物秘藏器模型，还有太空探索和核物理的照片。

1939—1940年世博会的"为明天设计"主题，强调了技术进步和消费者的进步，传达了扩张发展的感觉，还表现了装饰艺术派对大众广告营销的影响的临终绝唱。1964年世博会的许多游客对于第一次世博会的文物大感兴趣。波普艺术家也开始定义和纪念自己性格形成时期的风格和偶像，也就是大众现代派和大萧条时期的大众文化。1964年世博会这样的盛举让许多人通过生活环境而不是通过书本接触两次大战之间的风格。

纽约1964年世博会的雕塑、喷泉和地球仪(Unisphere)。

第二章 现代派的时代

1964年世博会上兴致勃勃、甚至甚嚣尘上的消费主义，反映了当时的大众文化。大批人排队参观梵蒂冈展馆的米开朗琪罗《圣殇》，但组织者发现新生的波普艺术运动激发了类似的劲头。例如，美国橡胶公司就资助了一个80英尺高的摩天轮，貌似巨型轮胎；佛罗里达州展馆屋顶有一个15英尺的橘子模型。纽约州展馆由菲利普·约翰逊和理查德·福斯特设计，推出了波普艺术新星们的壁画，其中有罗伯特·印第安纳（Robert Indiana）、罗伯特·劳森伯格（Robert Rauschenberg）、詹姆斯·罗森奎斯特（James Rosenquist），当然还有利希滕斯坦和沃霍尔。波普运动中的许多人都认为，世博会旧景重演，凸显了波普内部的怀旧感。例如，沃霍尔约莫在此时开始收藏装饰艺术派物件，最终积累了大批1939—1940年世博会纪念品。相反，利希滕斯坦在后来的作品中表现了两次世博会的图像；《肯定是此地》（1965）回想第二次世博会的主要亮点，例如梵蒂冈展馆的曲墙，高大的门柱矗立于重要展品前，放在扁平的城市模型中，令人想起30年代科幻小说连环漫画。他的作品很快会充满了30年代设计语汇，继续迷恋世博会对于消费和怀旧的实证主义憧憬。

在波普之外，世博会还引发了人们对于两次大战间艺术和建筑的兴趣大增。第一次世博会的标志性建筑，华莱士·哈里森（Wallace Harrison）的三角尖塔和钢球，与现存的装饰派地标一起被重新发现。例如，1964年4月起，帝国大厦的顶部30层为了欢庆世博会每晚都亮灯，再次获得关注。原先夜间亮灯设计的这次复活，使得该建筑确立为夜间地标，引发了一系列报纸杂志文章。

装饰派文化的赤裸裸热情，还通过60年代初的电影文化渗透进公众意识。外国片和大萧条时代的电影不断找到新的观众，在新建的电影院里，在主流的电视广播里，还为独立电视台提供削价的节目安排。到了60年代初，连大网络都布满了"晚间节目"、"深夜节目"、"早间节目"。纽约市区每周播放100多部两次大战之间的电影。[13] 以旧时代背景拍摄的新电影，例如《热情似火》(1959)、《私枭血：突进的20年代》(1961)、《乔治·拉夫特的故事》(1961)，还有通俗电视系列剧如《不可饶恕》(1959—1963)，也渲染了旧时期。从世博会烟灰缸到巴斯比·伯克利(Busby Berkeley)的音乐剧，20—30年代的大众文化很快惹起60年代中期的标新立异者的注意。

波普艺术家如沃霍尔和利希滕斯坦引领了复活运动，两人的作品在60年代世博会大行其道，这种情况并非巧合。装饰艺术派跟殖民地风格复活运动、股票经纪人都不一样，其咄咄逼人的商业主义独特地适合波普艺术复活。从20年代巴黎乐蓬马歇百货商店和春天百货的促销，到流线型有计划淘汰的胜利，装饰派主宰了往往由波普艺术强调的消费模式。口号式广告词和品牌等广告策略，在二次大战前时期得到完善，很快被波普艺术家吸收了。而且，两次大战之间的电影、广播和连环漫画，现在仿佛成了高级彩电技术和星际旅行的怪异原型。正如当时英国评论家劳伦斯·阿洛维(Lawrence Alloway)所说的，"机器审美反手工艺，反自然，这些价值观大体上与波普艺术有关。因此，波普艺术的工业内容的前身在30年代，不考虑反讽的因素"。[14] 希利尔1968年在《装饰艺术派》一书中说，"装饰艺术派对于最近最重要的运动波普艺术有重大影响"。[15] 然而，马尔科姆更加接近真相,她在《纽约客》杂志上撰文反驳希利尔说,实际上"事实恰恰相反。没有波普艺术,就没有装饰艺术(60年代创造的名词)……波普艺术对于大众文化的良性憧憬,就是装饰艺术派复活的策源地"。[16]

马尔科姆认为,装饰艺术派是按照波普的形象创造的,这反映了该旧风格的非历史性。60年代末作为装饰艺术派出现的,大多与1925年展示的优质法国器具仅仅略为相似,将法国原展览的冗长的标题"国际现代装饰艺术和工艺品展览",改造成为俚语警句"装饰艺术",囊括了该风格复活的无相干性。独立史学家选定装饰艺术派为两次大战之间大众设计的真正表达,就忽视了该时期的一大堆大众设计风格。例如美国殖民地风格和乔治时代风格的复活,就从未吸收入后来的装饰艺术派设计语汇。相反,貌似现代派的装饰艺术派,其流线型的技术与民粹主义混合,很快被当作两次大战之间主流艺术、建筑、设计的首席表达。波普艺术家们认为,要从这个时期仔细选择图像,那是易于接近的历史,那是大机器时代的图像群,而且是根本上乐观主义的商品文化,没有经济萧条和极权政治的玷污。

比我们现在的感觉更现代

利希滕斯坦1968年的画作《准备好》描写灰蒙蒙的机械风景,到处是大烟囱、活塞、加农炮,这种工业景色有英雄气概,也略兼滑稽可笑。工厂、实验室、军营三分天下,机械化的精密性和肌肉发达的勇武性,提示了丁字尺和圆规设计的世界。1928

年，10×20英尺的三联画可以在银行大厅里叙述航空史，在邮局里兜售理想的工厂。但《准备好》奚落着20世纪科技活跃背后的幼稚特色，有特点的本戴制版点阵（Benday dots）和粗线条轮廓，躲躲闪闪地批评美国军方、工业界、社会上的不幸冒险，从洛杉矶中南区到东南亚。可是，利希滕斯坦也对过去长长地一瞥，通过装饰艺术派的程式化几何图形唤起信念、信心、进步的概念。他当时解释说："依我看，它们比我们现在的感觉更现代呢。"[17]

利希滕斯坦迷恋历史，而第一批波普艺术家却并不苟同。理查德·哈密尔顿（Richard Hamilton）的快乐主妇抓住胡佛吸尘器就是当代的东西，政治上火药味十足。不过，新一代波普艺术家认为，装饰艺术派是吸引猫咪的创造性樟脑草。伦敦的艺术家乔·蒂尔森（Joe Tilson）的《帝国大厦》图（1967）表现该30年代地标仿佛取自胶卷，他探索装饰派装饰形式如圣塔（画家回忆成神庙塔楼），表现中东的高楼，却也令人想起曼哈顿的天际线。

利希滕斯坦《准备好》，1968年，纽约所罗门·R.古根海姆博物馆。

第二章 现代派的时代

科林·塞尔夫(Colin Self)的《电影院》素描(约 1964—1965)夸张地表现流线型室内雅服女士的豪华异化。纽约艺术家克拉斯·奥尔登堡(Claes Oldenburg)认为,自己找到了取之不尽用之不竭的题材,他参考卡尔·布里尔(Carl Breer)1934 年设计的克莱斯勒"气流"型汽车,创作了自己的《气流》(1964—1969),线条张扬的作品中有软雕塑和塑料壳汽车模型,都是流线型外形。

许多波普艺术家广泛采用装饰派母题,但装饰派风格还提示了一种褪色的魅力,以新方式表现消费、进步、现代性的主题。美国主要的波普艺术家利希滕斯坦和沃霍尔,既通过艺术的风格参照,也通过收藏模式来记忆该时代,以怀旧和反讽相结合来观照该时代。沃霍尔是装饰艺术派的早期收藏家,将自己对消费主义的迷恋扩大到对于大战间年代的大众媒体和大众文化的兴趣,从波顿公司的"埃尔茜奶牛"到弗雷德·阿斯泰尔(Fred Astaire)和金格尔·罗杰斯(Ginger Rogers)的音乐剧。利希滕斯坦也收藏该时期的装饰艺术派作品。但机械风景如《准备好》

克拉斯·奥尔登堡《气流侧面图》,1969 年。

表现的时代,他觉得既有趣又可疑。他们各自认为,灵机一动提供了一个窗口,可以窥见丢失的现代性观念,反而突出了自己时代对于"未来"的摇摇欲坠的信念。装饰艺术派复活貌似泡沫的怀旧动作,以眨眼和轻推一把,引入了文化的颠覆。

沃霍尔在60年代初就丢弃蒂凡尼灯饰而欢迎装饰艺术派。他在纽约东47街的工厂通常与太空时代银箔装潢有关,但也是他安放装饰派收藏品最早的神龛。30年代的曲线躺椅霸占了主厅,成为沃霍尔和属下们真正的磁铁。其他装饰派工艺品藏在工厂的边缘,其中有讲究的7英尺高新古典"现代艺术派"书橱。1973年《纽约杂志》报道沃霍尔收藏品的时候,说他的工厂是"著名的装饰派战利品仓库"。但他本人很少公开承认自己的迷恋。他把大量工艺品借给博物馆展览,但不愿公开姓名,常常暗示是助手比利·利尼奇到街上掏来的"垃圾",从1939—1940年世博会的麻花架,到皮福尔卡设计的银器。沃霍尔搜寻装饰派作品的恒心,不亚于上一个年代收藏家们让新艺术派重新出人头地的劲头。尽管他在公开场合不张扬自己的斩获,却和早先的新艺术派收藏家一样,认为这种活动也是不解自明的。正如他半认真半开玩笑地对作家大卫·鲍登所说的,"无法以金钱论……那是我的生命啊"。[18]

沃霍尔的收藏尽管秘而不宣,其复活运动却让大众注意到了。高级收藏家埋怨该艺术家的电影散布了"30年代的传染病——对于装饰艺术派的渴望症是显而易见的强迫症,传播得甚远"。[19]沃霍尔自己的装饰艺术派作品确实在他本人的电影中频频现身。例如,大胆的电影《睡椅》(*Couch*, 1964),明星是他的蒙上红沙发布、曲线优美的"30年代超级明星睡椅"。[20]后来，《爱情》(1973)这样的电影是与保罗·莫里西(Paul Morrissey)一起，在卡尔·拉格菲尔德(Karl Lagerfeld)的巴黎公寓里拍摄的，里面摆满了装饰派作品。1971年，有人问沃霍尔，愿不愿意出让收藏品，他断然拒绝，说"我们自己拍电影用得上……我们仍然处于20世纪30年代呢。从默片开始拍。很快会来到40年代的。"[21]连帝国大厦都吸引了沃霍尔的摄影机忙个不停。《帝国》(1964)使用曝光过度的胶片来记录夜间的装饰艺术派结构，日落后开始拍，折腾了七个来小时后结束。他的电影代表了大厦在电影院里的回归，自从电影《金刚》(1933)拍摄以后，其壮观的建筑已经和电影无缘了。

沃霍尔早就痴迷于30年代电影，从小就收藏电影杂志和钟爱影星的签名照片。银幕偶像如詹姆斯·卡格尼(James Cagney)和金格尔·罗杰斯(Ginger Rogers)令他的早期丝网印刷生色，他承认自己"想必通过电视上播映的那些个30年代电影"发现了装饰艺术派。[22]他一边认可，第一个"工厂"里的著名银箔装饰品可以再现未来派科幻小说和太空时代，一边坚持认为"银箔也是过去——银幕，好莱坞女演员戴银饰品拍照"。[23]

沃霍尔尽管痴迷这些电影，自己拍的电影却一点也不像大萧条时期电影所特有的华而不实的商业行为，"工厂"电影的粗糙剪辑和大颗粒摄影，是大战之间好莱坞精雕细琢的反面。东村(East Village)易装癖在《露皮》(1964)中表演好莱坞的色相勾引者，大致以20—30年代墨西哥明星露皮·韦莱斯的经历为蓝本。《妓女》(1965)、《加牛奶，伊维特》(1965)、《西娣》(1966)三部曲由男扮女装的同性恋表演艺术家马里奥·蒙特斯分别扮演30年代明星让·哈罗、拉纳·透纳和西娣·拉玛。露骨的性描写接近偷窥，彻底驳斥了海斯管制时期浪漫故事的正经厚道。正如罗伯特·科廷厄姆（Robert Cottingham）的钨丝灯照明的门楼、塞尔夫装饰派时代电影院内部的褪色俗丽一样，沃霍尔的电影回顾了装饰艺术派光鲜魅力的古旧形式，还有60年代的勇往直前发明创造。

沃霍尔不尽完美地再现30年代电影，而利希滕斯坦则回顾称装饰艺术派时代是"一种卡通时代"。[24] 他和前者一样着迷于大萧条时代的电影；《准备好》里面戴头盔士兵的节奏精确性，令人回味起他自己收藏的巴斯比·伯克利音乐剧剧中的形象。但利希滕斯坦认为，装饰艺术派还代表了"巴克·罗杰斯"的艺术和建筑观。[25] 正如达利在《艺术》杂志上指出的，装饰艺术派引发了针锋相对的现代派概念，使他着迷。

1965年到1970年，利希滕斯坦反复用他的"现代派"风格处理装饰派风格和主题。完成对30年代世博会未来主义的礼赞《想必是此地》（1965）后，他"开始观察真正的30年代物件——建筑物、珠宝、家具，发现了许多材料，所以一头扎了进去"。[26] 从《带谱号的现代派画作》（1967）等画作的表现性锯齿形，到《现代派长雕塑》（1969）的抛光铜雕，装饰艺术派是他的现代派风格的主基调，其高潮是"叙事性"巨幅壁画如《准备好》和《通过化学达到和平》（1970）。利希滕斯坦偶尔援引费尔南德·莱热（Fernand Leger）和包豪斯，但他的大部分大战间知识来自支离破碎的大众文化。1965年，他开始创作装饰派方向的作品时，该时期还没有得到命名，他干脆称之为"30年代"。他和沃霍尔一样，积累了可观的30年代"垃圾"收藏，包括陈设、珠宝、宣传照片，同时挖掘当时的建筑装饰指南书，例如利比-欧文斯-福特玻璃公司的《玻璃改造大街五十二法》(1935)。

《准备好》强调了利希滕斯坦对于该时期新兴的大机器时代坚定信念所怀有的喜忧参半的怀旧。轮子大辐条用来追忆装饰艺术派程式化的阳光万丈，倾斜的大梁代替了生机勃勃的锯齿形，飞机舷窗上的光线成了一系列动态对角线纹路。可是，利希滕斯坦的图片制作涉及画家提香，而不是机器车间。他不像沃霍尔那样拥抱自动化的生产工艺，仍然植根于行业传统之中。他本能地回应该时期的褪色光辉，还有该时期"人类可以与大机器合作，以便改善生活，争取美好未来"的精神特质（ethos）。[27]利希滕斯坦暗示，装饰派的尖角和抽象形式现在显得"幼稚"，他觉得"对于一件艺术品如此讲逻辑理性，颇具幽默"。[28]倒退五百年，利希滕斯坦的三联画格式会暗示宗教的圣坛装饰画，有耶稣殉难和人类救赎的图像代替机械化的大烟囱。他用卡通画武士替代基督徒救赎故事，就温和地袒露了大机器时代的乐观信念，若有所思地回味着他们的信心。1967年，他说："他们自以为现代派，我们现在可并不是自以为也是现代派的啊。"[29]

历史是镜子大厅

利希滕斯坦陶醉于装饰派的大机器时代关联，也肯定了30年代风格与极简主义雕塑的关系。"我有点幽默地将两者相提并论"，他说。[30] 60年代的极简主义艺术体现了分析理智主义（analytic intellectualism），似乎与装饰派复活的心血来潮格格不入。但观察力强的批评家认为，利希滕斯坦的类比并非儿戏。蒂林(Sidney Tillim)欢呼道,弗兰克·斯特拉(Frank Stella)的新形状、饱和的画布,对于"30年代的设计感觉"[31],是比利希滕斯坦自己的"现代派"作品更加诉诸理智的方法。艺术史家罗伯特·罗森布拉姆(Robert Rosenblum)描述过斯特拉的1968年"延伸者"系列画,其中有《巴士拉门之二》(约1968年),他也提及它们的"适当建筑环境",将作品与"无线电城市音乐厅,那个'貌似现代的'30年代的伟大装饰性集合"联系起来。[32] 跟斯特拉一起,卡尔·安德烈(Carl Andre)、唐纳德·贾德(Donald Judd)、罗伯特·莫里斯(Robert Morris)的人形几何体引进了极简主义语汇,确实呼应着装饰派的流线型几何体。波普艺术家如利希滕斯坦和沃霍尔认为,装饰艺术派提供了颠覆性的戏仿,而极简主义派,主要是罗伯特·史密森(Robert Smithson),则认为,装饰艺术派挑战了现代派在历史上的角色。

第二代极简主义者史密森通过大众现代派的多棱镜,捅破了时间和历史的概念。尽管他拥有希利尔的《装饰艺术派》(1968),他的知识主要来自直接的建筑环境。史密森在纽约和家乡新泽西州帕塞伊克城闲逛,逐一拍摄装饰派的文物。史密森常常去曼哈顿的20世纪福克斯大楼的电影院,其中装饰派时代的艺术剧场有花样灯饰和尖塔天花板的图像,另外,克莱斯勒汽车公司大楼的楼梯拥有几何体扶手和叶尖饰,构成了小部分照片档案,这些是他日常活动的装饰派背景。20年代、30年代大楼的快照,不少是在他所谓的"田野调查"旅行中拍摄的,这些拼装作品致使他认为那些结构是时间的具体表达式。史密森发现,装饰艺术派里面有惊人的视觉和物质雷同,支持他对于时间周期性的兴趣,通过镜子表达出来,是折射的意象,水晶结构。

第二章　现代派的时代

史密森在1967年9—10月那期《艺术》杂志中关于装饰艺术派建筑的赞歌"超级现代派"(Ultramoderne)，歌颂了"令人迷惑的……遥远的纽约装饰艺术派公寓楼，包括'世纪公寓'、'陛下公寓'、'黄金国公寓'"，还有无线电城市音乐厅。[33]标题里面含有法语的现代派一词，与博尔赫斯(Jorge Luis Borges)传记中的小注解厮混在一起，后者一度参加了这个20年代的"极端主义"文学团体。史密森跟极简主义者一样被强大的几何体所吸引。赞歌中说，装饰艺术派建筑物的"范式"权威建立在"重复和连续次序之上"。[34]例如，他的世纪公寓附属照片，聚焦于建筑物的"不计其数的砌砖变化"，凸显尖角和屋脊式窗户框架的阶梯图案。在克莱斯勒大楼，他也聚焦简朴的重复波浪线，回味大堂楼梯扶手装饰的程式化闪电花纹，扶手本身提示着他当前做的雕塑作品。

确实，史密森《非逻各斯》(Alogon)系列(1966)的阶梯式砌块，不仅仅暗示着细致的重复几何图形，而且提示了台阶式金字塔或庙塔。若干同龄人，如乔·蒂尔森(Joe Tilson)、索尔·勒韦特(Sol LeWitt)，虽然也使用或者论及庙塔形状，[35]却是史密森才与该主题建立了唯一的联系。从其《庙塔镜子》(1966)的形状到装饰其《空白艺术馆》素描(1969)的台阶式建筑饰件，他痴迷地探索了该形体及其含义。《艺术》杂志编辑部允许他设计"超级现代派"通栏时，他把文本编组为庙塔形，用沃霍尔《帝国》的画面作为文章插图，强调该母题。史密森在曼哈顿大楼里感受到的庙塔形，回荡着各种关联，其中有阿兹特克神庙和美索不达米亚塔楼，保罗·法兰克尔(Paul Frankl)的摩天大楼家具，也有约翰·斯托尔(John Storr)的雕塑。在《超级现代派》中，史密森称赞了30年代"方螺旋体"之类的形体。[36]

装饰艺术派给史密森提供了一个哲学格子,包容着时间和历史,[37]预示着变化中的方法若承认过去,终将定型回潮的观念。史密森认为,装饰艺术派的漂亮反射表面等同于他自己以水晶作为隐喻,以便理解时间是个有机的生成结构。他说,"30年代是用水晶和棱镜制作的年代"。他将装饰派建筑的光泽审美比作"镜子大厅的污染反射",认为该风格引发了"废弃的未来",既前瞻又回顾。他说,"世上有两种时间,有机的(现代派)和水晶的(极端主义)";他称后一种感觉是"跨历史的"。[38]

史密森羡慕30年代建筑师对于西方传统之外的设计的兴趣。他论及该时期他所谓的"古旧本体论"时,认为超级现代派"接触了每个大时代的许多种里程碑刻艺术——埃及人的、玛雅人的、印加人的、阿兹特克人的、德鲁伊德人的、印度人的,等等"。[39]他还认为该时期的多种风格兼收并蓄,往往在一个大楼上集成,是暗中质疑现代派教义。[40]正如他在《超级现代派》中所总结的,"既无新生事物,又无旧事物"。[41]史密森比利希滕斯坦、沃霍尔等波普艺术家更过分,他拥抱装饰艺术派,不仅仅指向衡量和憧憬历史时期的新方法,而且暗示了理解历史的新方法。

大众文化中的装饰派回声

1971年5月1日五朔节,伦敦碧宝(Biba)商铺发生了炸弹爆炸。"愤怒大队"很快声明对此负责,向《泰晤士报》递交了新闻稿。该大队是个松散的组织,曾经对警察所和政府机关发动过类似的小炸弹攻击。他们的檄文所信奉的是马克思主义和无政府主义的不确定混合,而且谴责碧宝的回潮风格,坚持说,"华而不实的商铺里,所有的售货姑娘都被迫穿着相同、打扮相同,反映40年代。时装业跟其他所有业界一样,资本主义只能倒着走,别无出路,它们已经死亡了"。[42]回潮发明的装饰艺术派有助于动员暴力团伙,其目标包括了"法西斯主义和压迫",这一点表明回潮不仅仅在大众文化中无所不在,而且在70年代初已经十分强大了,不是作为历史运动的成功,而是作为文化和营销现象特别厉害。

60年代末,回潮远没有死亡,其消费者魔力将曾经被人看不起的装饰艺术派收藏品改造成人人珍爱的"先锋派古董";纽约的索纳本德画廊(Sonnabend Gallery)管理着阿曼(Arman)、吉尔伯特(Gilbert)、乔治(George)等人的东西,认为陈列30年代的搪瓷香烟盒和花瓶是合适的。[43]从沃伦·贝蒂(Warren Beatty)关于大萧条时代银行劫匪的故事《邦尼与克莱德》(1967),到时装模特崔姬(Twiggy)的偶像贝雷帽,装饰艺术派和回潮具有经济和文化的双重意义。旧时期无愧于回潮的选择性记忆,被重新注入了新的神气,戴了非历史的羽饰。赶时髦者对于碧宝的"乔治·拉夫特(George Raft)裤子"和男女都穿的帮派细条纹西装趋之若鹜。先前的新艺术派复活受到传统经销商、收藏者、新闻记者和学者的左右,而装饰艺术派是不同寻常的现象,历史的眼光主要受非史学家左右。

正如30年代电影起初影响了利希滕斯坦和沃霍尔的艺术作品和收藏习惯一样,60年代舞台和电影导演也要在旧时期里发掘灵感。到了60年代末70年代初,该时期在众多的舞台剧中得到纪念,比如《不,不,纳奈特》,那是1925年音乐剧的令人眼花缭乱的复活,还有电影如肯·拉塞尔(KenRussell)的30年代

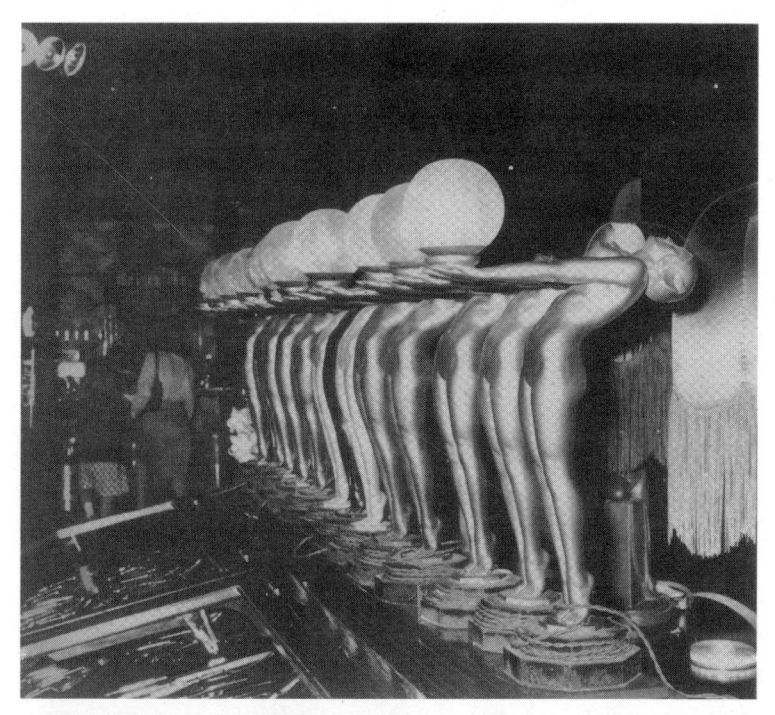

伦敦碧宝百货商店的内部装饰,70年代初。

风格音乐剧滥觞《男朋友》(1972),主演为崔姬,以及鲍勃·福斯(Bob Fosse)偏黑色的《歌厅》(1972)。不过,阿瑟·佩恩(Arthur Penn)《邦尼与克莱德》的影响最广,它在视觉上拥抱恐怖的冲锋枪和30年代初低底盘的福特V-8汽车,为反叛主人公提供了时髦的背景。它在大众中的影响太厉害了,以至于把某些批评家搞得晕头转向,以为早期的回潮意象如利希滕斯坦的"现代派"系列受到了该电影的影响。1968年,批评家蒂林批评了利希滕斯坦的作品是"歌舞剧齐格飞(Flo Ziegfeld)立体派",是"对于《邦尼与克莱德》在绘画雕塑上的回应"。[44]《美国新闻和世界报道》认为,"千百万美国人日益为太空时代的狂乱所打扰,正在痴迷地渴望回顾本国的过去",猜测1973年前后的美国文化正在"大跃退"。[45]可是,它注意到了复活运动的时髦现身,而将先前的大机器时代批评变成了"机械车间时尚"。[46]

《邦尼与克莱德》费伊·唐纳薇和迈克尔·J. 波拉德剧照,阿瑟·佩恩导演,1967年。

30年代风格的"帮派歹徒模样",1967年。

装饰派复活运动进入了电影和时装,随之也就大大失去了原始的波普内容,不再质疑现代派和进步的观念。然而,60年代末70年代初的观众仍然对自己的大众媒体文化的早期先驱兴奋不已。《邦尼与克莱德》拨动了30年代流行文化的许多怀旧音符,从埃迪·坎托(Eddie Cantor)的大萧条时代通俗广播节目片段,到低吟歌手鲁迪·瓦利唱的歌曲。电影成功后,引发了电影配音的流行,还有乔吉·费姆(Georgie Fame)"邦尼和克莱德歌谣"(1967)之类的流行曲,该时期维持了更大的音响复活活动。1971年顶峰时,300多家美国广播电台在重播20年代30年代的连续剧,其中有《费伯和莫里》和《阴影》。哥伦比亚、Decca

第二章 现代派的时代　　　87

肯·拉塞尔《男朋友》，1971年。

等唱片公司重新发行了库存的大乐队和爵士乐唱片。新近出现的演奏者如弹尤克里里琴的"微小蒂姆"（Tiny Tim）、民间布鲁斯风格的吉姆·快斯金坛罐乐队(Jim Kweskin Jug Band),引起了大众的注意,还有大量的摇滚乐队如爱情满勺(Lovin' Spoonful)和奇想乐队(The Kinks)吸收了旧式爵士乐和布鲁斯改编曲。1971年,杰拉德·克拉克(Gerald Clarke)说:"有时候好像一半国人愿意与弗雷德·阿斯泰尔(Fred Astaire)和金格尔·罗杰斯(Ginger Rogers)在30年代的大舞厅里贴脸跳舞,另一半渴望与汉弗莱·鲍嘉(Humphrey Bogart)和英格丽·褒曼(Ingrid Bergman)一同现身40年代的《北非谍影》外景地卡萨布兰卡。"[47]

广告商、出版商、市场研究人员注意到了,装饰艺术派平面设计对于世故的听众来说是完美的推销员。后来的仰慕者虽然没有钻研错综复杂的现代派批评,还是把该风格的"硬边光泽和无色闪光"当作新的一种怀旧,它"毫不妥协、毫不伤感"。[48]装饰艺术派喜欢硬边和金属感,到了60年代表露为自觉的现代派,而且是奇怪的古色古香。

《印刷》杂志的让·W.普罗涅,在《装饰艺术派:复活的解剖》(1971)一文中报道说,"设计师和从广告业到建筑业的客户们,已经接受了标有'装饰艺术派'的箱子"。[49]大部分设计师认为,这个箱子包含一组发人深省的风格母题和字体。到70年代初,注重时装的出版物如《绅士季刊》、《常青树》、《破衣服》、《变化》、《远景》引进了硬边几何图形边框、程式化喷泉和彩虹母题、漂亮的Futura风格字体,以建构回忆20、30年代的图形个性。弥尔顿·格雷泽广受欢迎的鲍勃·迪伦海报,欢喜地混合了色彩斑斓的伊斯兰图案和马塞尔·杜尚(Marcel Duchamp)风格的黑色剪影,也引进了Babyteeth字体。设计师模仿参观墨西哥城时看到的字体,爵士乐风格、棱角分明的无衬线字体很快与装饰派时代联系起来了。但是,杜本内力娇酒的60年代广告商

第二章 现代派的时代

争取装饰派身份时,传递了一种非伤感性的怀旧,其现代性坚不可摧,却又严重过时。它略有滑稽因素,却仍然散发着一种自信的魅力,正如安妮·霍兰德1974年所说的,"对于当今的趣味有美妙的吸引力"。[50]

时尚青年对该风格趋之若鹜。1971年,克拉克在《时代》周刊上宣称:"过去崇拜可能演变成为未来崇拜的解药,人类登陆月球之后,可以预料,时装大亨们会试图让我们穿戴亮晶晶的尼龙宇航服了。相反,如今的赶时髦女郎往往打扮得像要冲向美军慰问团或者卷铺盖去英国了。"[51]装饰艺术派登堂入室,这个时代的青春偶像模特儿崔姬在1968年的回忆录里大谈特谈自己"崭新的30年代装束",甚至对自己的大众市场时装系列进行改动。[52]霍兰德注意到"时装奇观,显然一股脑儿抄袭自装饰艺术派",惊异于它们被"包装成新货。当然,它们就是新货,对于不到35岁的人完全是新鲜的"。[53]

尽管这种风格对于年轻人显得有创意,甚至有独创性,许多经历过原先时期的老人,为装饰派复活的非历史性而沮丧。约翰·卡纳迪(John Canaday)在《纽约时报》上撰文说,

> 大萧条年代和导致大萧条的美国狂饮活动,对于普通人是痛苦的记忆,但年轻人除外,他们通过二手记忆的书籍、电影、装饰性艺术才知道它们。年轻人观看爵士乐时代的恐怖现象和领救济面包的队伍时,可以同样饶有兴趣,泰然处之,就像大家观赏法国大革命大流血时的感觉。[54]

克拉克意识到"记忆的眼睛留意1936年和优雅的阿斯泰尔舞蹈,或者泡沫横飞的刘别谦喜剧电影,却对大萧条的领救

济队伍视而不见",说"在一定的距离外,憧憬淡去了,想象力取而代之"。[55]

杜本内力娇小姐是伦敦城的时髦女郎,专门在时尚餐馆、私人会所和贵族庄园行走。跟上她吧!

杜本内力娇酒广告,约 1967 年。

崔姬穿戴 30 年代复古装和贝雷帽，约 1967 年。

就像 20 年代坐旗杆创纪录和吃金鱼，许多 60 年代复古主义者将装饰艺术派母题盲目地当作时髦，而不理解其历史关联。与装饰派"复活"关系最密切的设计师、艺术指导和记者除了特定的痴迷，很少知道先前时期的博采众长的视觉。希利尔在专著《装饰艺术派》里向一般观众介绍了这个术语，却不肯给予全面的定义。平面设计师爱德华·本吉亚特（Edward Benguiat）开始模仿字体，装饰纽约无线电城音乐厅、RCA 大厦的彩虹厅的时候，吃惊不已，因为史学家和批评家宣告他是"装饰艺术派专家"。希利尔还亲自从伦敦赶到纽约，向本吉亚特了解该风格的详情。

众多二三十年代以此无名风格创作的艺术家，重新受到重视，感到喜不自胜，但被这个名称搞得晕头转向。1966 年使用该名称的巴黎美展，仅限于 1925 年巴黎美展的作品，但装饰艺术派的含义很快就扩大化了。1971年,《印刷》杂志要求他描述该风格,活跃于30年代的美国插图家林·沃德(Lynn Ward)丝毫不掩饰自己的迷惑。他宣称一无所知,谦虚地假设道:"这是对于一个艺术史时代的普遍认可的定义,我作为学生没资格进入,所以一无所知。"两次大战中间经营印刷的美国人艾尔弗雷德·塔尔克(Alfred Tulk)也同样迷惑不解,但他对《印刷》谈话时比较讲究哲理。他也宣布不知道装饰艺术派时代,但猜测"所谓'时代'大多是回顾时命名的"。[56]

随着复活活动越来越强大,批评者也聚集起来了。1971年,《时代》杂志请小说家戈尔·维达尔(Gore Vidal)评论新出现的怀旧感,他说:"都是媒体胡编乱造的。今年就时兴写这个。"[57]许多文化评论家认为,装饰艺术派复活等同于"赶时髦"。而且,使用该风格的设计师被指控"毫无独创性",乃至审美"嫖娼卖淫"。[58]正如平面设计师诺曼·格林(Norman Green)所说的:

> 太多的设计师采纳装饰艺术派,恰恰是因为它流行,尽管自己对它没有感觉。由于他们没有自己的东西加进去,很快就腻烦了,于是就去找新的时髦。这些人一直在推动没有发明的变化。[59]

怀旧是肤浅的感情,批评家和社会评论家都开始批评这种复古主义,暗示说,历史和历史风格被循环利用,不分青红皂白地运用于新的语境。印刷业者欧内斯特·霍克(Ernest Hoch)谴责最新的复活趋势是"粗糙的时尚贩卖"。他认为,设计师和

第二章 现代派的时代

艺术家太依赖"旧形式主义的肤浅借用"。[60]确实,碧宝商铺的最后成型由装饰派主宰,但受到新艺术派曲木家具的影响,还有枕头、篮子,令人想起中东地区的老城区。普罗涅的文章中,弥尔顿·格雷泽捍卫历史折中主义,主张"如今根本不相信什么'正确'、'真实',乃至'合适'的风格,或者审美哲学"。[61]他说,相反,历史风格都只是承载"很少意义"的区区标签。[62]当然,风格混合提供了用释义和戏仿扭曲过去的熟悉形式的机会,尽管它使某些人觉得是某种风格的核心的去语境化,乃至被置之不理。

随着人们日益重视、持续关注装饰艺术派,设计师、记者和经销商就创造了一种历史风格,后来它成为传统学术研究的课题。1971年,阿洛维说:"对该时期的品味已经超越了对它的学术研究。"[63]然而,次年,娜塔莉·吉特尔森在《哈珀集市》上撰文说:

> 装饰艺术派已经进入了全新的非坎普生命期。批评的兴致提高了。声望提高了……也许坎普式渴望俗丽一开始就存在了——那是装饰艺术派的第一期。但那不再是今天的所在了。今天,装饰艺术派已经成为严肃的历史现象,一言以蔽之,非同小可。[64]

但其他人担心,该时代所载政治经济关联被彻底忽视了,它在大众文化中的持久遗产遭到了严重误解。主流社会里很少有人跟"愤怒大队"一样与碧宝的战前复古主义有仇。不过,正如罗伯特·平卡斯-威滕(Robert Pincus-Witten)1970年在《艺术论坛》的一篇文章中指出的,装饰派的沙文主义和种族主义在大众复古运动中基本上未遭到挑战。他说,充当装饰艺术派回潮复活的东西,大多"在纯粹本能反应的基础上"形成,但该风格还需要"扎实的学术关注。实际上,我们所处的趣味时代正好让前者把道德责任强加给后者"。[65]

第 三 章
再造的 50 年代

　　1969年伍德斯托克音乐节的第四天,在吉米·亨德里克斯(Jimi Hendrix)著名的压轴出台前,舞台被一群哥伦比亚大学的无名大学生所占据。但这些学生并非"学生争取民主社会组织"(SDS)的成员(前一年使校园动荡不安的造反头领),而是摇滚音乐复兴团体莎纳纳(Sha Na Na),他们将20世纪50年代的经典曲目如"青少年天使"(Teen Angel)和"在舞会上"(At the Hop)加以紧凑舞美编辑,来密集轰炸观众。音乐节上无望的抢镜头者祭出了过时的模样:涂油的鸭尾巴发型啦,白袜子、卷进T恤袖子的香烟啦。莎纳纳关于50年代的极为活跃华丽的版本,似乎与伍德斯托克音乐节所特有的冒充艺术致幻剂和硬摇滚乐在唱对台戏,而其受欢迎度只会上升;不到十年工夫,该团体主持了极受欢迎的每周电视节目。正如它利用安非他命药瘾演奏摇滚保留乐曲一样,回潮复古主义以超级快速重复利用了过去。

美国摇滚乐复古主义者莎纳纳,约 1975 年。

  回潮的复古机制已经存在——唯一的问题是,下一步会复活现代之过去的哪个方面。即便如此,50 年代文化的复活也面临着一定程度的不相信。《时代》周刊为它的到来所困窘,评论说:"首先是 20 年代、30 年代、40 年代,由于刚刚足够的浪漫距离而熠熠生辉,在戏剧、艺术和时装中召唤出来。如今,怀旧的疯子们似乎在缩小与现在的差距。那个无精打采的50年代，显然被掸掉了灰尘，准备复活了。"[1]有些人认为70年代初复活的这个时期黯淡无光，有些人认为它闹哄哄成天价造反，简直没有内聚力。它从40年代末开始，在60年代初结束，连一个年代都不是。可是，就像先前的回潮，流行音乐史家根本不烦恼这种技术细节问题，是他们给该时期的复活提供了燃料。

回潮同样令人陶醉、令人讨厌，它扩大了吸引力，但还是按照市场人士的节奏齐步走，娱乐业急于重新发明现代之过去嘛。这次民粹主义的回潮植根于"特迪哥儿"幸存和对于摇滚音乐起源的兴趣复苏，延续了60年代新艺术派和装饰艺术派复活中受市场欢迎的坎普式忸怩作态（Campiness）。百老汇的音乐剧《油脂》(1972)和电视系列片《快乐日子》(1974)，还有不计其数的中学、大学"短袜舞会"和舞蹈、摇滚音乐复活巡回演出，精华和糟粕混杂。当时，50年代复活被认为是摆脱反文化唯心主义的变化。1972年，《时代》周刊的杰克·克罗尔(Jack Kroll)撰文说："旧音乐随着巴迪·霍利(Buddy Holly)的打嗝、小理查德的真假嗓音变换、喋喋不休的说唱和莎纳纳，已经被重新发行，重新包装，重新应征加入巨人般自我意识的一代牢牢掌握其身份的努力。"[2]可是，复活也代表了公共记忆与个人记忆的冲突；正如评论家弗兰克·希斯(Frank Heath)1971年所说的，"才十五年就开始了细腻怀旧感的老化过程"。[3]然而，随着回潮开始复活牢牢处于活人记忆之中的时期，也会感受到最近过去的瑕疵。将自己沉浸在过去之中，原来是挑战过去的一种方式。

比尔·哈利和喷气机乐队 1968 年在伦敦皇家阿尔伯特大厅为特迪哥儿观众演出。

特迪哥儿和崔姬

1968 年，年迈的美国摇滚歌星比尔·哈利（Bill Haley）巡回英国，担心自己十五年前的轰动歌曲在"摇摆的伦敦"找不到观众。5 月份在皇家阿尔伯特大厅演出时，他对人群说："我们来到此地以后，人们就问一个问题：'摇滚乐将回归吗？'我每次都回答'等星期三看皇家阿尔伯特大厅吧。有人来，就是回归了'。"当时的气氛，后来英国的音乐业界杂志《乐人》描述为"过激"，满溢的人群肯定哈利的情绪远非言语可比。人们在舞台上跳舞，骑着别人的肩膀，挥舞着饰钉皮带，热情洋溢，差一点陷入暴力；演出结束后，哈利跑下舞台，后面跟着一大群追星粉丝。他大惊失色，不愿意再出来加曲子。皇家阿尔伯特大厅的演出远不止把他的经典独唱《摇它个一昼夜》重新推上英国二十强音乐榜,还让人们注意到英国经久不衰的特迪哥儿亚文化。观众身穿长上装瘦腿裤、皮夹克,炫耀着涂油的头发,活像其他时代的文物。不过,《乐人》沉思地说,人群"已经到了按音乐节拍暴乱的边缘,那音乐十多年不变,演奏者老得可以做爸爸了。'摇滚乐复活'见鬼去吧——从上星期三的上座率看,它根本就没有死!"[4]

对于英国生机勃勃的反体制特迪哥儿亚文化成员,哈利的音乐会就像一种天赐;这种高电压事件也给予回潮一种反抗的声势,在70年代初掀起了50年代复活的高潮。在上一代人中,特迪哥儿曾经将战后的一种时尚潮流转变成了一个意味深长的文化宣言。二次大战结束后不久,伦敦高级裁缝驻扎的萨维尔街,启动了爱德华时代夹克衫的复活,半个领口有天鹅绒镶边。该款式本身就是回潮的奇怪提示,已经在同性恋圈子内发展,一度与皇家卫队(His Majesty's Guards)的军官有关,但从未被中产阶级所接受。然而,工人阶级的郊区青年却莽撞地穿这种东西。他们仿效爱德华七世的昵称,叫做特德或者特迪哥儿,到了50年代初把这种款式当作反抗的宣言,颇像十几年前美国人采用佐特套服(zoot suit)的目的。特迪哥儿往往与帮派暴力活动有牵连,是坏孩子魅力的体现。他们拥抱美国的摇滚乐,是因为它是音乐叛逆,很快就以趾高气扬的款式而出名,冒充舶来品,如涂百利发乳的"背头",还有翻领上衬了隐藏的口袋,放剃刀用。

1972年，特迪哥儿在温布利摇滚乐复活音乐会上跳舞。

对于60年代末70年代初的特迪哥儿，这种50年代款式表达了深情的阶级归属，而且成为文化反抽的形式。随着英国大众文化转向波德·布莱克的波普艺术和崔姬的小精灵般的存在，特迪们落伍了；那个时期充斥着对于最近过去的坎普式拥抱，与特迪们认真的时装秀恰成对比。60年代下半叶，特迪哥儿队伍缩小，但他们坚持不懈。1970年，《星期日泰晤士报》拜访特迪堡垒毕晓普盖特的黑渡鸦酒馆，评论说，"星期五、星期日晚上，仿佛60年代从来没有出现过"。[5]特迪们继续在酒馆和音乐厅聚会，忠心耿耿地坚持穿50年代的制服，色彩鲜艳的褶皱上衣，高跟"松糕鞋"，使用百利发乳。他们的礼仪包括为死去的摇滚歌星默哀,显然觉得这些人并没有消逝。黑渡鸦酒馆的老板鲍勃·阿克兰(Bob Acland)对《泰晤士报》一针见血地说:"特迪们不是散兵游勇,如耗子般钻洞而去。嗨,连安妮公主都跟着尼克松女儿去了摇滚音乐会呢,根本没死的东西是谈不上复活的。"[6] 逐渐年迈的特迪们甚至还日益受到年轻一代的效法,为他们的工人阶级根子所吸引。面对越来越多的移民,许多人还把他们当作保存英国土生土长风格的载体。

60年代末70年代初的特迪哥儿文化,不仅仅重新崛起,而且有利可图。1972年,温布利体育馆举办大型摇滚音乐节,5万多粉丝前来听查克·贝里(Chuck Berry)、比利·弗里(Billy Fury)、比尔·哈利和杰里·李·刘易斯(Jerry Lee Lewis)歌唱,有原来的特迪,也有他们的追随者。复古主义乐队,例如1967年成立的狂野天使(The Wild Angels)也开始吸引听众了。像特德·卡罗尔(Ted Carroll)开了"摇滚进行曲"唱片店,1971年在坎登镇开业,这种商店为特迪哥儿亚文化的重新崛起服务。同年,马尔科·麦克拉伦和维维安·韦斯特伍德在切尔西的国王路设立"让它摇滚"商店,后来因为卖下水道细腿裤、尖头皮鞋、巴迪·霍利歌曲唱片而名声大噪,以致电影导演克劳德·沃尔萨姆(Claude Waltham)邀请韦斯特伍德去设计《就是这天》(1973)的服装,那是英国50年代摇滚场景的现实主义再现,大卫·埃塞克斯和凌格·斯塔主演。影片装饰有投币唱机,里面装满了50年代的摇滚乐经典曲目,还有50年代工艺品的奇怪组合,其中有郊区家具、詹姆斯·迪恩(James Dean)大事记、50年代经典电影的剧照、一大堆老电影杂志和剧照杂志，例如《电影画报》和《Spick》。

可是，该商店里冒出了浓烈的古怪变形的怀旧感。在"让它摇滚"买东西的切尔西老于世故者，热爱该时期的方式就与常来店里的35岁特迪们大相径庭。对于文雅的顾客，特迪们的风格不能代表古老的生活方式，而是提供了一种有趣的服饰上的姿态，表达对现状的不屑一顾。就像苏姗·桑塔格呼唤新艺术派一样，它颠覆性地嘲笑主流文化，颇有力度。韦斯特伍德和麦克拉伦对特迪们根本上的保守性很失望。特迪们畏避政治社会激进主义，逃避社会实验，坚定不移地要求真实再现自己的50年代过去。尽管"让它摇滚"的促销册宣称"特迪哥儿千秋万代"，韦斯特伍德还是着手对特迪们的节目单添枝加叶了。1973年，商店改名"快得没法活、年轻得没法死"，扩大了50年代的存货，收入鄙夷性的古怪皮衣，那是受到马龙·白兰度等老一辈电影明星的启发啊。特迪风格岂止是延续到新时代，而且与时髦的企业家精神混为一谈。

可是，特迪哥儿亚文化看不起服装方面的创新，他们认为，50年代延续到自己现在的生活中，既是灵感，也是个人记忆。社会学家着迷于他们固守常规、崇拜具体物品，那是该亚文化的维系，于是开始认真研究起特迪们，留意他们对于物品和社会异化的拜物教般迷恋。[7]同时，国王路韦斯特伍德商店的特迪光顾者，看到乳胶行头和下水道裤子并排出售，长皮夹克用安全别针别在一起，就感到越来越沮丧了。这种改造引起了摩擦，不限于偶尔出现心怀不满的特迪，在店堂门口画一些愤怒的涂鸦。这种复活并不包含跌入老一代人记忆的时期，而是过去尚不足十五年的时期。随着幸存和复活的界限开始模糊,复活周期缩短,复活的过去开始崩塌到了现在。

"无辜"作为商品

对于主流媒体的某些人来说,50年代复活好像"无非是60年代甚嚣尘上的希望和活力的枯竭"(《新闻周刊》)。[8]黑色皮夹克、短袜舞会和《快乐时光》促使大批观众转向回潮,将特迪的反叛性转化为儿童电视节目《霍迪·杜迪》(Howdy Doody)的无辜。1972年,《生活》杂志注意到呼啦圈重新普及,认为50年代的复活既是有诱惑力的庆祝,也是头脑活络的企业家"手摸屁股"轻松赚钱的机会。[9]怀疑论者起初怀疑摇滚乐复活的耐久性。音乐评论家称之为"昙花一现"的原创演出家如哈利,受到特迪哥儿和广大观众一样的热烈欢迎。[10]1968年,猫王普雷斯利身穿黑色皮夹克出场,东山再起,圣诞节表演被电视转播,提醒观众记得他的持久魅力。不过,其他演出家已经被人淡忘,50年代复活的早期推进者为了找到原始表演者,花费的金钱不少于安排重演。[11]60年代末,许多老歌手在英美各地举办"摇滚复活"巡回演唱会,让兴高采烈的炫耀和活力四射的洒脱传遍大地。广播电台开辟"老歌金曲"节目,唱片公司纷纷重发50年代热门歌曲的唱片。另外,关于50年代摇滚乐的新分析文章,一起给旧时期贴金;卡尔·贝尔兹(Carl Belz)《摇滚乐的故事》(1969)、阿诺德·肖(Arnold Shaw)《摇滚的50年代:改造流行音乐场景的十年》(1974)等书籍,给该乐种赋予了崭新的评论界权威。

　　青年一代的粉丝和演唱者半喜爱半谐谑地对待摇滚乐，当作回潮。1968年，弗兰克·扎帕（Frank Zappa）发布了"陪鲁本和喷气机巡游"，多情地模仿糖份杜-沃普摇滚乐（doo-wop）。不过，回忆和讽刺50年代曲调的最著名团体仍然是莎纳纳，其同步的舞步与声乐和音微妙地注入了"坎普青春摇滚"。他们的领袖乔治·伦纳德（George Leonard）称自己为"22岁的苏姗·桑塔格迷"。[12]伦纳德回想起该团体从"常青藤联盟"合唱俱乐部转变成电视明星的经过，说，"团体的愿景是只唱50年代摇滚乐，就像布斯比·伯克利的音乐剧影片一样跳舞"，那种电影是他在大学阅读坎普书籍时喜欢上的。[13]莎纳纳的第一个经纪人觉得他们的豪华表演毫无诚意，就让他们自称"模仿秀"，但他们喜欢按歌曲"找工作"的无意义歌词取名。《新闻周刊》称赞他们是"新一代娱乐家"，他们对于50年代摇滚乐的坎普式再诠释，吸引年轻观众的程度甚至超过了哈利、钢琴家"胖子多米诺"（Fats Domino）这样的50年代歌星。[14]莎纳纳在伍德斯托克演出时，将自己珍贵的锋芒换成了唱片合同、电影镜头，最终进入电视节目。他们大获成功后，模仿者纷至沓来。回潮弄潮儿斩获颇丰，像澳大利亚的"爸爸酷"、英国的"表演牛仔"（Showaddywaddy）、美国的"闪电凯迪拉克"（Flash Cadillac）和"大陆孩子"这些乐队，不仅仅激发了友情，而且自己也被拷贝。"青年凯迪拉克"就是仿效最后那个乐队的。正如莎纳纳的创始队员所回忆的："我们认识到，哪里有这种兄弟情义，哪里必定有财路。"[15]

第三章 再造的50年代

歌舞剧《火爆浪子》的演员们在1973年伦敦汽车展宣传该剧，开着1950年前后的克莱斯勒牌温莎汽车。

70年代初，娱乐业感受到了同样的潜力，斥资发动了广泛的复活计划。《火爆浪子》起初在芝加哥作为暑期业余制作推出，后来放到了纽约，预告为"新50年代摇滚歌舞剧"。1978年《火爆浪子》搬上银幕之前，就有其他电影利用50年代复活概念，包括克劳德·沃瑟姆（Claude Whatham）的《就是这天》（1973）和《狂野少年》（1974），由马丁·戴维森和史提芬·维罗纳导演。不过，复古主义最有名的片子仍然是乔治·卢卡斯的《美国涂鸦》（1973）。影片回忆1962年加州莫德斯托的一个晚上，背景是甲壳虫乐队到美国一年前，一直持续整个50年代。影片发行后，《纽约时报》评论员史提芬·法伯宣布它是"《邦尼与克莱德》以来最重要的美国电影"。[16]卢卡斯前所未有地把电影预算的一大部分用于购买在复古主义巡演已经走红的歌曲版权，包括"强尼·B.古德"和"摇它个一昼夜"。他技术高超地表

乔治·卢卡斯《美国涂鸦》海报，1973年。

现了摇滚乐复活的情况,不仅引起大家模仿,比如电视系列剧《快乐时光》,而且标志着大众日益渴望50年代复活不限于其活力四射的音乐。

到了1974年,《生活》、《新闻周刊》、《星期六评论》、《时代》周刊和伦敦的《泰晤士报》都在谈论这次最近过去的复活,同时也指出,主要的观众是年轻人。大学校园举办了化妆"火爆日"、"按照50年代的模样来"晚会、短袜舞会、50年代童星霍迪·杜迪的表演。学生们涌向销售表演纪念品的商店。男女同校的女生炫耀无吊带鸡尾酒裙、鞍脊鞋,男生则模仿回潮魅力秀,来自《快乐时光》亨利·温克勒的颠覆性款式,穿黑色皮夹克,留短头发,或者梳涂油背头。年轻人的复古集中于衣服、音乐、电影,关注早期的富裕大众文化。

《美国涂鸦》这样的电影掌握了当时的细节,如格纹衬衫、双层肥牛汉堡包,从青少年消费者的视角回忆这个时期。确实,50年代复古故意忽视该时期对于本身"文化繁荣"的自拉自唱的骄傲,其中有剧院、艺术馆参观者大增,经典唱片的健康销售,《大英百科全书》出版通俗系列书如"西方世界大丛书"等等。特迪哥儿亚文化专门崇拜该时期的青年消费品,包括每分钟78转的唱片、绉橡胶底鞋和百利发乳。广告商发现了大好的营销机会,随着50年代摇滚乐代替"喧闹的20年代"成为大众聚会的主题,他们帮助特迪哥儿将狂乱的实利主义推销进美国的起居室。

摇滚乐复古的促进者率先发现了娱乐业内部"异化授粉"的机会,推而广之,发起了50年代汽车展、短袜舞会、跳蚤市场,出卖未使用的发乳和古式《流行歌曲》杂志。人们纷纷仿效。广播电台和服装店主办了"同学会"舞会和电话亭填人比赛。一位制鞋商重新推出50年代流行的鞍脊鞋,新鞋陈列在78转旧唱片上面,还拿出奶油色57版雪佛莱作为比赛的奖品。[17]《霍迪·杜迪》中的布法罗·鲍勃·史密斯在玩具店兜售的不只是演出纪念品;他在50年代做广告推销葡萄汁,70年代初在电台广告里兜售廉价葡萄酒。呼啦圈的首创者发现自己的历史是卖得出去的资产,便在1967年恢复生产,1972年销售到百万个。还成立了许多新公司,有服装店出售"原装"打褶裤和陀螺裤,有公司专门定制模仿的爱泽尔牌汽车、凯迪拉克汽车。英国企业家开设像"美国大灾"这样的饭店时,就回忆起美国中学生舞会、大马力改装车、免下车商店和不令人生畏的特迪哥儿形象。50年代出现了"近十年的狂热购物血拼,这种恬不知耻的享乐主义占有仪式——我们宽容地、深情地回顾着"。[18]

《霍迪·杜迪》中的鲍勃·史密斯,周围都是纪念品,约1970年。

《快乐时光》剧照,约1980年。

对于不记得原来那个时期的小字辈,50年代复活发生的时机正值经济前景日益黯淡,上一个年代的剧烈社会变革刚刚过去。《火爆浪子》的制作者发现,在纽约,它原本是对"邻里人群"开放的,他们"大多数30多岁——50年代长大的战争婴儿,急于追回自己的过去",制作者还发现观众变化很快。搬到百老汇大剧院上演后,上座的人更加年轻,是"寻找怀旧感的青少年观众",正如女演员凯西·莫斯(Kathi Moss)指出的,他们要"回归基础"。[19]《生活》杂志更加富有哲理,注意到年轻一代被这种复古所吸引,便宣称"流行音乐心理学家,还有许多孩子,把飞向50年代当作对幸福时光的追求,放在毒品、越南战争、暗杀之前"。[20]

可是,早期复古所特有的涂油大背头、帮派队服上的徽章和吵闹的摇滚乐,也令人想起工人阶级的志向、街头黑帮和无视该时期因循态度的一种青少年犯罪。漫不经心,甚至是无礼傲慢,它们还标志着这个社会"准备成为60年代的反主流文化"(杰克·克罗尔语,《时代周刊》,1972年,评论《火爆浪子》)。[21] 1972年,一个15岁小鬼对《生活》解释说,"那些火爆浪子就是最早的摇滚乐迷"。[22] 不过,就像皮夹克一样,这种反抗进入70年代后,就只有不怎么有威胁的铜绿了,其抚慰性的装腔作势令反抗的抱怨鸦雀无声,特别是面对着最近出现的学生示威、种族暴乱、城市游击队文化时。"学生反战示威者关闭了全国几十家大专院校之后一年",安德鲁·H. 马尔科姆1971年在《纽约时报》上说,"成千上万的同一批青年陷入了新的追求——对美好往昔的怀旧"。[23] 1973年,《时代周刊》称赞《美国涂鸦》为"就像香膏开始慢慢潜入记忆的一种怀旧感"的顶尖部分。[24]

特迪哥儿不和谐的反抗性被淹没之后,复古的锐气磨去了。青少年改装车和低俗的霓虹灯酒吧间很快获得了符号地位,而且附带着更多的无辜联想。1955年,电影《黑板丛林》原来的开头是歌词"摇它个一昼夜",是电影中挥舞弹簧折刀恐怖统治一所城市中学的黑帮圣歌;作为70年代中《美国涂鸦》和《快乐时光》的主题歌,它不再具有恐吓意义,而是振奋人心。一度象征青少年造反的歌曲,到了1972年,跟70年代初的"下流"音乐一比较,稳重的《新闻周刊》却称这种摇滚乐"无辜"。[25] 排名领先的当代歌曲榜也对"美国馅饼"(1972)这样的老音乐暗暗点头,那是堂·麦克莱恩献给巴迪·霍利的哀歌,还欢迎卡朋特兄妹的"昨日再来"(1973)。《火爆浪子》的创作者之一在《时代周刊》撰文回忆了"该时期的无辜",把自己在50年代芝加哥的青年时代说成是无聊而平静的时期,"那时孩子们了解总统的唯一一件事是,总统打高尔夫球,肠胃不好,而人生最大的悲剧是拿不到爸爸的汽车去免下车电影院"。[26] 失落无辜的主题,将这次复古与先前的新艺术派和装饰艺术复活联系到了一起。克罗尔描述舞台剧《火爆浪子》中无忧无虑的青少年时,发现"里代尔中学成了时代生动活泼、滑稽可笑的缩影,而该时代已经和'不,不,纳奈特'时代一样荡人心魄了"。[27]

"对于50年代成长的人来说,该年代的快乐形象就是积极打消疑虑,恢复正在消逝的青春。"[28]参与上次装饰艺术派复活的许多艺术家和收藏家,被童年两次世界大战之间的时期所吸引。1970年,《纽约时报》说,装饰艺术派的著名收藏家们,比如安迪·沃霍尔、利希滕斯坦、芭芭拉·史翠珊和唐纳德·贾德,"都出生在两次大战之间,该风格尚青涩。其实,哪个在大萧条岁月成长的人,会忘记装着收音机的阿兹特克神殿呢?"[29]

皮夹克、骑车女裤、玛丽莲·梦露台历、马龙·白兰度摩托车海报大泛滥,不仅仅卷起了复古的潮流,而且宣告了最近过去的循环。莎纳纳在大学校园演出的海报,引发了一位乐队队员所谓的"前政治青少年伊甸园",宣称"青壮年(Jocks)!瘾君子!后备役军官训练团(ROTC)!学生争取民主社会组织!大家停战吧!把战斧埋到地下(而不是对方身体里)!想想当年大家都是一起玩的小滑头"。[30]当时,一位哈佛教授对《纽约时报》说:"如今的大学生错过了抢女生衬裤、俱乐部、周末大闹的校园生活啦。却搞起了政治……某些学生会觉得自己若有所失的。"[31]

再造前天

从欧佩克石油危机到水门事件,1973年的美国似乎在土崩瓦解。8月份《美国涂鸦》推出,摄影机抚爱地盘旋于耗油厉害的巡游汽车上,火箭式镀铬尾板闪闪发亮,挥霍无度的膨胀车体。观众瞠目结舌地看到,这是在提醒人们,当时没有汽油定量和节能的进口小汽车的困扰。学校短袜舞会和修复的改装车令人想起好日子。可是,某些评论家和史学家认为,过去正在折叠进现在。

"谁愿意费神记忆50年代呢?"1972年,伊迪斯·奥利弗在《纽约客》杂志上说,他在为一代文化评论家代言。"30年代、40年代,可以,60年代当然可以的,但50年代是史上最最无聊的年代之一,最好忘掉去。"[32] 连《新闻周刊》的特写都同意,"回到50年代,在漫长的美国历史中,50年代是最最乏味的时代之一"。[33] 史学家认为,50年代是沉闷的时期,只有麦卡锡、情感压抑、性压抑的回忆,没有比尔·哈利、头发涂油和皮夹克。早在1960年,史学家埃里克·戈德曼回顾了他所谓的"窒息的"年代,他在《哈泼杂志》上宣称:"告别50年代——丢掉为快啊。"[34] 罗纳德·伯曼(Ronald Berman)的《60年代的美国:知性的历史》一书,评论了该时期随心所欲的消费,他回忆道:"50年代诸事膨胀,国家深陷于自己的殷富之中。"[35] 随着60年代的展开,言论自由运动和"新左派"兴起,不仅仅使得50年代貌似作古,而且令人生畏。1971年,史学家弗雷德·J.库克调查了该时期的政治形势,写成的报告题为《噩梦的十年:参议员麦卡锡的一生及其时代》。官方的编年史对它盖棺论定了——彻底否定的判决。

如果把50年代作为一种通过大众娱乐和时装表现出来的视觉风格来看,那么,复古活动将最近的过去简化为区区十年,也强调了历史进程的迅捷加速。史学家们从19世纪初开始就将时代切分为一个个年代了。到了30年代,弗雷德里克·刘易斯·艾伦(Frederick Lewis Allen)的《就在昨天:20年代野史》(1931)等书,描述了前十年中狐步和短头发的兴起,证明编年史的年代可以用来划分最近的过去,特别是其中的大众文化,而不必消化其复杂的特性。哪怕在装饰艺术派复活时,也往往被滑稽地称为"30年代风格"。这种历史研究的增量法有助于促成现代之过去的快速再包装。"我们在怀旧冲击波的边缘蹒跚而行啊",弗兰克·希斯1971年在《星期六评论》上焦急地说。他注意到以年代为基础的复古主义很肤浅,说:

> 20年代是记忆的母脉,却差不多要耗竭了。30年代根本不是富矿,也是不堪重负。至于40年代,目前没有几个人渴望打仗,这样就来到了50年代,才十五年之前啊……我们很快就会对1965年怀旧,然后是1969年,随之就会说,"你以为那有意思吧?你十分钟之前应该活着啊!"[36]

《美国涂鸦》的广告倚重大众的记忆,问道:"62年你在哪里呢?"尽管电影的目标观众里很少有人当年已经成年,50年代复古确实使老一辈止步不前了。装饰艺术派复活时期,老一辈观察者看到这次复古运动无视大萧条中排队领救济和纳粹的崛起,感到大为沮丧。50年代回潮同样遗忘了麦卡锡的政治审讯和扔核弹"躲避隐蔽"演习。十五年前凭《装饰艺术派》刺激大战之间设计复活的希利尔(Bevis Hillier),注意到呼啦圈、无纽扣衣、摇滚乐创造了短视的50年代。"现在,我终于懂得了父母一辈为什么无法分享我对装饰艺术派的热情了,那是我快出生前的风格。我眼里的'怀旧'(对于自己一无所知的时期),在他们看仅仅是经历而已。"[37]正如《时代周刊》的杰拉德·克拉克(Gerald Clarke)所言,不仅"幻想淡化了,想象取而代之",[38]而且许多经历该时期的人难以将复活物与自己的记忆调和起来。1974年,《时代周刊》的另一位作者斯蒂芬·坎弗(Stefan Kanfer),为复古联想起来的逍遥自在意象所震惊,他说,"没有人可以妒忌那个年代在太阳底下拥有一席之地,可是任何25岁以上的人都可以反对形容词'妙极'(Fabulous)……50年代长大成人不那么名载史册啊,而是像雾中散步。"[39]理查德·林奇曼(Richard Lingeman)回忆道:"艾森豪威尔领导下的50年代代表一种国家的脑前页切开术:我们装上尾鳍,在星期天开上了生命的高速公路。"[40]

创作者说,尽管舞台剧《火爆浪子》的某些观众"惊诧于这一切已成为过去",却不是沉思以对,而是出神相向。[41]"演出的口吻,话里有话,脱口而出",有评论家说,"也许可以说,要戏仿50年代,最好是亦步亦趋"。[42]剧场演出也是莎纳纳的特点,1971年,一位音乐评论家发现了"一个真正的摇滚乐常备剧目戏院,其50年代歌曲的剧场节目歌声嘹亮,爱心丰富,略带讽刺挖苦"。[43]这个戏仿元素尽管和风细雨,却提供了疏远机制,允许最近的过去改造成集体的记忆。

不过,回潮提示的不仅仅是与过去的接触,未来也开始变化了。斯坦福大学心理学教授菲利普·津巴多(Philip Zimbardo)1971年提出,回忆最近的过去,是青年们可以"联系、可以控制"的东西,他对《纽约时报》反映说:"今天的青年受到不确定性未来的威胁,疏远于传统价值观,认为它们伪善、暴力,所以敬而远之。"44《地平线杂志》一年后说:"人们开始记住50年代,不是回忆的那样,而是他们再创造的那样。这就是新铸造的50年代神话弄得如此引人注目、如此现代派的原因。这是半数国人经历过的时代的神话,仿佛是关于前天的神话。"45

法国仿古思潮

可是,在70年代初,50年代并不是有待复活的唯一一角近期记忆。几乎在同时,"仿古思潮"复活了法国的昏暗战争岁月,它是40年代初的重演,与美国50年代短袜舞会的复活有近得出奇的歪缘。但它却演化自记忆的反面,来自集体性的刻意遗忘。

40年代在法国有着特别的联想,往往称为"黑暗年代"(*années noires*),德国人侵占法国,在法国社会中揭开了尖锐的分化。亲纳粹的右翼与激进的左派分裂,差一点儿发生内战。建立在历史连续性和共识基础之上的光荣命运的常识,以及法国关于联古通今的民族辉煌的幻想,遭到彻底的粉碎。1944年8月,戴高乐在巴黎受到了欢欣鼓舞的欢迎,随后认真地将战争岁月改造成为奋力抗战的叙事文。他按照自己的信念裁剪了法国的新神话,声称法国是自己从德国人手里解放出来的。法国人的敌占记忆被压下,代之以戴高乐的假象,强调面对侵略者暴政所表现的集体斗争和英雄主义。"法国抗战"的神话编造出来了,小心翼翼地培植,奋力捍卫,政府和知识分子同样卖力,直到70年代初。

仿古思潮的兴起恰逢戴高乐1969年辞去法国总统宝座。

他下台后,对战争岁月几无个人记忆的年轻一代,研究审视了法国历史上这一屈辱的时期。某些人认为,这种复查再现了丢失的传统。[46]但许多人不相信公认的信条,想要重新审核法国在第二次世界大战中的历史,作为控诉老一辈的途径。

在遍访幸存者和见证人的基础上,这种对战时的复查得益于马塞尔·奥菲尔(Marcel Ophuls)的纪录片力作《悲哀和怜悯》(1969)。影片采用参战一代人回忆录的录音,配上照片和新闻纪录片,调查战后的正统观念,暗示法国的抗战运动声势远比先前认为的要来得小,当代人往往不尊重抵抗战士。影片穿插着明显的代际斗争元素,不过其欲言又止的访谈和责难性的新闻片加起来,就揭示了戴高乐主义战争传说的不可信。奥菲尔1968年因参加造成电视网络瘫痪的大罢工而遭国立电视台开除,当年发生学生和工人骚乱之后,他就着手拍摄该影片。原本是为法国电视台构思的,后遭到禁播,但最终解禁,1971年短期上映,令巴黎电影院人满为患。

在报纸杂志、文学和电影、音乐和时装方面,奥菲尔的作品标志着关于法国战争年代的广泛再评价(统称仿古思潮)的巅峰之作。从贬损抗战运动、说抗战成员怯懦、自私、玩世不恭的电影,到给通敌者平反的书籍,该潮流在1968年以后渗透了法国文化。帕特里克·莫迪亚诺(Patrick Modiano)的小说《夜半》(1968)和《世纪大道》(1972)等等,将读者投入了法国盖世太保和通敌记者的世界里。可是,仿古思潮在电影中体会则最深刻,从1974年到1978年,45部法国电影以二次大战为背景,超过了整个60年代。[47]比如米歇尔·米特拉尼的《卢浮宫》(1974)描述1942年法国警察对巴黎的犹太居民实施大搜捕,路易·马勒的《拉孔布·吕西安》(《迷惘少年》,1974),18岁的主人公碰巧成了纳粹合作者,都生动地描述了法国的通敌者。就像《悲哀和怜悯》一样,都通过老百姓说故事,以不起眼的巴黎街道和农场演绎历史。

这次复查评论界称之为"特别反常",促成了70年代初的一个时尚,崇尚战时的音乐和时装。战争年代的浪漫化暗示了一种谴责和赎罪。[48]如此公开谈论法国的纳粹史,催生了一种重新配置的怀旧感,呼应着新艺术派和装饰艺术运动的复活、50年代的复活。1974年,《纽约时报》采访了法国青年,报道了"没有经历战争的年轻人有一种怀旧感,他们对今天已经厌倦,觉得有一点受骗上当,父母经历了迷人而又磨炼人的冒险,却不让他们上"。[49]

路易·马勒导演的《拉孔布·吕西安》(1974)

父母亲闭口不谈战时经历,法国青年就听他们的音乐,穿他们的衣服。战争年代的流行歌曲被发掘出来。巴黎青年搜索跳蚤市场,寻找二手德国皮衣和束踝鞋。时髦的青年如帕罗马·毕加索(Paloma Picasso)穿上红头巾和母亲的黑绉纱裙子,就像多萝西·拉穆尔[50],而伊夫·圣罗兰(Yves Saint Laurent)这样的时装设计师也开始在70年代初的款式中回忆沦陷的法国了。圣罗兰新近用女士系列时装纪念了1968年的街垒抗议者,其中有饰边上装、裤子、黑色暗色,他现在用仿古思潮的服装来引发关于40年代的记忆。女士的双排扣"宽松衫"、垫肩、束踝厚底鞋和"克里奥尔"头巾,令人回忆起40年代的影星卡门·米兰达,以煞有介事的模样赢得了评论界的青睐。

不过,圣罗兰的大部分时装配有毛皮外套、厚底鞋、低胸紧身裙,代表了40年代主要由女通敌者组成的情景,而不是戴高乐主义女英雄。评论界责备他的"轻佻"、"二次大战军妓相",[51]声称他在召唤"妓女的40年代"、"40年代坎普"。英语新闻界的人大多没有能将他的时装与历史上的修正主义联系在一起。《纽约时报》时装记者伯纳丁·莫里斯(Bernadine Morris)问道:"是圣罗兰取笑了40年代——抑或观众?还是整个系列是庞大的时装模仿秀?"[52]圣罗兰原来是法国时装界的偶像,他为自己辩护,称评论界"心胸狭窄、反动、小气,慑于禁忌"。圣罗兰将自己的衣服披上广泛的文化修辞,反驳"不敢正视生活的人,确信传统的人"。[53]仿佛逃避过去的遗产的唯一办法是直面它,法国的仿古思潮便回顾起40年代,试图通过浸润其中而甩掉过去的包袱。

模特儿演示双排扣斜纹华达呢套装,圣罗兰设计,1971年。

圣罗兰的富裕顾客们大多不喜欢披上战时妓女的行头，攀爬文化异议的壁垒。可是他开发40年代记忆的欲望，投下的阴影超越了对于80年代时装十分重要的溜肩剪影。仿古思潮尽管不限于法国青年，却开发了"68一代"之虚无主义族，回顾战争年代时持一种暧昧的快乐，近乎是非不分。至少有一位评论家认为，马勒的《拉孔布·吕西安》在道德上有缺陷，是群氓的领头羊，他对意识形态一无所知，只关心自己，以"今日之人"著称。[54]就像上一辈拥抱"堕落"新艺术派的同性恋者，战争年代仿古思潮的复活不仅仅是不协调，而且暗示着颠覆性的权力形式。

1971年，莎纳纳的经理被问及乐团的广受欢迎时说："显然，过去比现在更简单，更少痛苦。已经经历过了。在道德规范所剩无几的世界里，过去提供了这些规范，不管你是不是遵守。"[55]而法国仿古思潮代表了模棱两可、纷繁复杂的过去。法国评论家如让·鲍德里亚就将这个术语联系到70年代的电影，他在《历史：一个仿古情节》(1981)一文中说，仿古促成了拟像时代。他承认，仿古美化了法西斯主义的"过滤的残酷"，但他认为，仿古还代表着"现实和理性的临死痛苦"。[56]法国仿古思潮最终标志着去神话化，去掉意义。它不外乎该时代的征候，追随着1968年的热情。大刀阔斧的改变失败后，容易去回顾像二次大战这样的时期，当时大事业显得举足轻重，不管是不是法西斯，那个时期唤起了一种游离的怀旧感。

仿古思潮于70年代渗透进英国，包含的时尚既容纳了50年代的幸福时光，又包容了敌占时期巴黎的仿古思潮。当然，70

年代初,英国、美国一度戏要过小小的40年代复活。1970年10月,《老爷》杂志刊登了战争年代的美人画,题为"欢迎回到40年代:美国最后一次快乐"。1971年,好莱坞发行了《42年夏》(1971)和《婚姻宝典》(1971),都是以战争年代为背景。可是,除了佐特套装曾经短暂恢复流行,越战时期的青年很少愿意戏仿二战的通俗文化。50年代社会确定性有魔法保护,且容易遭到讽刺,这与法国战争年代的阴霾气候和道德模糊性不一样。只有到了70年代末,复古者注意到那种风格表达了"先进技术带来的生活高水平",[57] 50年代复活才开始效法法国的仿古思潮,提示了该时期的阴暗面,弥漫着对它及其主导价值观的广泛质问。

50年代的放射性尘埃

1973年的伦敦苏富比拍卖会上,出现了一台Chantal流星200自动唱片机,窗口是普列克斯玻璃气泡曲线形的,流线型的机身光彩照人,引爆了观众的"怪笑和闲话"(《星期日泰晤士报》记者语)。[58] 1976年,《泰晤士报》宣布,"50年代开始获得一种吸引力,使得20年代、30年代的风格流派进入了收藏品"。苏富比拍卖会正式启动了该时期装饰艺术项目,不是靠野口勇(Isamu Noguchi)的桌子、埃姆斯沙发,而是拿出大众文化的工艺品,比如自动唱片机、玛丽莲·梦露的人体挂历。"依我看,自动唱片机相当成功地抓住了该时期的气氛",拍卖行的20世纪装潢艺术专家菲利普·加纳(Philippe Garner)说:"把点唱机这样的东西推到显著位置,就是希望确立,50年代与其他年代一样有始有终,是装饰艺术一个明确的断代,是有始有终的。它的身份就此固定下来了。"[59]

50年代复活的标记是鞍脊靴、糖份杜-沃普摇滚乐、汽车尾鳍的再现,特别受到大众娱乐业的推动,在视觉艺术以外迅速展开了。50年代复活运动在摇滚乐复活和一系列时事电影的培养下,创造了该年代的一个公共神话。在大众的想象之中,50年代复活转换为78转每分的唱片、汽水售卖机和商品化的无辜。可是,加纳就说过,50年代复活并没有直接围绕艺术设计的清晰风格统一行动,只有该时期等同于一种视觉风格时,复活运动才大有颠覆性。

战后的岁月里,应用科学突飞猛进,公众被弄得眼花缭乱,乐观地称自己的时代为"喷气飞机时代"和"原子时代"。70年代初,热情洋溢地复活了泡泡糖、免下车影院、摇滚乐,将50年代描绘为"60年代创伤之前的平静年代"。[60]但50年代60年代初的俚语,则揭示了根深蒂固的焦虑。青少年开着雪佛莱"轰来轰去",该时期最最大胆的泳装以一个核武器试验场的地名命名,女士花里胡哨的发式叫做B52[美国的远程轰炸机]。所以,该时期的艺术设计反映了这种焦虑,比复活出来的50年代初清楚得多。

艺术史家和评论家遥看复活运动,强调了它的通俗性,但对于它蕴含的意义则模棱两可。评论家如金·莱文(Kim Levin),1974年在专门纪念该年代的《艺术》杂志特刊中写道:"50年代仍属险境——充满痛苦思念和混杂记忆的雷场。"[61]在视觉艺术中,原来那个时期飘荡着热情洋溢、广受欢迎但略带污秽的现代派。世纪中叶,此风格与战后的科学技术相瓜葛,牵扯到一种起先复活中被忽略的潜文本:该时期的核弹遗产。莱文不提亮闪闪的 Chantal 自动唱片机,却记得一种特别的"50 年代放射性尘埃",其基础是"无法理解的原子弹观念,嵌入了人们的灵魂"。莱文说,唯一值得记住的自动唱片机是艾伦·金斯堡在诗歌《嚎叫》(1956)中提到的氢气唱片机音乐。[62]

战争和大萧条十五年之后,战后的和平,在经济增长和战时工业迅速转化为消费文化的支持下,启动了前所未有的物质繁荣期。尽管消费者趣味基本上持保守性,艺术设计机构却拥抱了大胆简洁和功能性的现代派美学,作为表达经济充裕和文化复杂性的一种商品。该风格来自纽约现代艺术馆(MoMA)的"优良设计"戒律,早先为蒂凡尼复古派寻找异国情调和个性解放提供了轻松的目标。著名的现代派如埃姆斯(Eames)和萨里嫩(Saarinen)的理性设计,批量生产但高质量,将战时材料如造型层压板和玻璃纤维板做家具。"优良设计"运动对于广大公众的吸引力有限,但其风格元素,例如简洁的生物学形态和抽象形式,却辗转流入了大众文化。廉价、热情,突出民粹主义的 50 年代大众豪华形式,往往称为"民豪"(populuxe),转换了这些形式,以喜气洋洋、华丽而俗气的趣味与现代派相混合。民豪酷爱彩色塑料的"来自未来世界的今日电视机",盖高耸的钢悬桁屋顶的咖啡馆模仿太空港,用新材料和低廉的生产方法结合现代派风格。公众可以接触到现代派的抽象形式和时髦简洁的设计语汇,欢迎这种通俗易懂、乐观主义的未来派表达形式。康定斯基(Vasily Kandinsky)的抽象艺术用来装潢路边餐车式饭店的福米加树脂柜台台面,20 年代包豪斯设计特色的流线型表面,影响了50年代初惠而浦洗衣机的外形设计。总体上，高雅现代派（High Modernism）渗透了私人和公共空间，应用科学改造了家居和工作，未来简直是唾手可得。预测未来，很容易体会到，世界只会越来越好。

70年代初，复古主义者很容易把这种欣欣向荣、随随便便的乐观主义解释为"无辜"。但旧年代有原子弹蘑菇云的荫蔽，使大部分文学艺术、电影染上了色彩，从金斯堡的"嚎叫"到杰克逊·波洛克（Jackson Pollock）的抽象画，到《哥斯拉》电影系列。来自原子物理学的母题，如原子裂变，纷纷出现在乔治·尼尔森球体钟和《机械》动画片里。莱文回忆过贯穿50年代的"偏色"，感受到了"弥漫该年代的创伤。好日子和快乐时光之后，隐约出现了挥之不去的新闻片意象，比基尼岛的海面上，浮现出难以置信的蘑菇云，不断扩大的阴茎形象，非理性，极可怕"。[63]

莱文在《艺术》杂志中说，"除了流行音乐领域，复活运动太早熟"，[64]而大多数艺术评论家和艺术史家对于她的恶心感是感同身受，但商业艺术家们并不拒绝这种偏色，而对50年代那种乐观主义与郁闷的紧张轮替感兴趣。《原子时代》（1975）是美国平面设计师马克·阿斯诺（Marc Arcenaux）为艺术家们写的视觉参考书，记载的母题有尖尖的苏联人造卫星模型。阿斯诺曾经设计了一些视觉戏仿，比如《国民讽刺》1964年滑稽的中学年鉴，嘲弄该时期感受到的无辜。他风趣地回忆孟山都的未来塑料屋、飞歌牌电视机的设计，还有抽象抛物线和阿米巴虫形态。他记得该时期最大的反讽，还加入了原子裂变母题，让读者记住，"美国人热情洋溢地展望未来时，也生活在蘑菇云的阴影下"。他这样说，碰触了原来年代的裸露神经，而且是70年代中叶的观察家如现在一样未逃避的神经。[65]

50年代现代派和民豪时而激动人心,时而令人毛骨悚然,它们承认并吸收了并未远离的核威胁。仿古复活了这些视觉风格,着手处理这个悖论。朋克摇滚乐的推广者取材于50年代唱片套的小丑钻石、自由造型字体、不自然酸性色彩,琢磨着采用并颠覆50年代现代派设计。正如维维安·韦斯特伍德(Vivienne Westwood)的朋克服饰植根于特迪哥儿亚文化,朋克的音乐之根在于50年代。朋克唱片公司积极地引用并颠覆前期的封套设计黄金时代,回顾着绍尔·贝思(Saul Bass)、阿尔温·卢斯蒂格(Alvin Lustig)和阿莱克斯·斯坦维斯(Alex Steinweiss)的现代派抽象设计。撞击乐队(The Clash)可能用油漆滴泼到衣服上,去回忆杰克逊·波洛克,但偶像卡通画家雷伊·劳里(Ray Lowry)设计1979年《伦敦呼唤》封面时,就高仿黑白音乐会照片和红绿黑体文字的1956年埃尔维斯·普莱斯利的首演曲集。埃尔维斯的偶像封面描绘猫王在音乐会上挥手,但劳里选择了撞击乐队的贝司手保罗·西蒙尼将手中吉他摔向舞台的形象。朋克重新使用50年代意象是颠覆性的,在劳里的单曲唱片封套中更加清楚,模仿1958年之前HMV唱片封面,描述快乐的舞蹈者幸福地跳华尔兹,但劳里的舞伴在蘑菇云底下迈步。

如果朋克设计师率先颠覆性地注意到50年代现代派和应用科学的联系,那么到了70年代末,许多艺术家和设计师越来越着迷于"时代的技术性欣快症"。[66]意大利平庸设计选定了坎普风格,重新使用50年代流行的材料如塑料薄片,应用于怪状书橱、桌子和躺椅。美国画家戴维·萨尔(David Salle)的艺术从卡通画和垃圾小说书、电视和色情作品汲取意象,戏仿该时期现代派的有机主张，创作了《兄弟动物》等画作，把两张埃姆斯（Eames）LCW休闲椅放在肾脏图旁边。

不过，原先时期的俗丽未来主义讨论者众多。1987年，建筑评论家库林波（Nayana Currimbhoy）颇为妒忌地回忆道："50年代，技术就是魔毯，可望将人类转送到光辉灿烂的新大陆。"[67]民豪的未来派建筑风格，其缩影是Googie那种抗重力穹顶悬臂建筑，最佳范例是50年代和60年代初美国西部的路边餐馆、加油站和汽车旅馆。这种风格于80年代初被建筑师和资源保护论者重新发现。建筑师们认为，这些建筑的太空时代形式"跟埃尔维斯·普雷斯利、1957年雪佛莱一样，是50年代的象征"，[68]资源保护团体如1984年成立的洛杉矶文化遗迹保护团（Los Angeles Conservancy），第一次奋力保护这些建筑不受拆毁。波普影响下的艺术家如肯尼·沙佛（Kenny Scharf），从50年代召唤未来太空时代（space-age future），仿佛近在咫尺，用殇光油画如《飞船》(1979)来取笑波普的未来派，画的是洛杉矶一家咖啡馆的招牌，配有归去来器"向前看"店标和Googie错落屋顶，映衬在星空下。

这种略带超现实的未来主义尽管有吸引力，却也富有反乌托邦联想。美国流行乐团B-52乐团（The B-52），起名不是借用波音公司1954年推出的远程轰炸机，而是假托女士蓬松发型的南方俚语说法，他们兴高采烈地采用了50年代、60年代初的道具服装。1989年，卡伦·舍默（Karen Schoemer）在《纽约时报》上写道，他们的早期曲集"听起来跟自动售卖机（Automat）一样古怪，跟《杰特逊一家》(*Jetsons*)里的飞行汽车一样超现代。他们从过去的视角来憧憬未来，那个过去如今看来全然是时光倒错啊"。[69]Devo流行乐队身穿同样的灰西装和金字神塔（ziggurat）模样的"能量帽"，他们引用50年代科幻小说和冷战偏执狂的话,甚至演出放射性发光;他们并不暗示进化,而是相反,是展开过去,或曰反进化(de-evolution)。

B-52 乐队的凯特·皮尔森、弗雷德·施耐德、基斯·斯特里克兰、辛迪·威尔森、利基·威尔森,1980 年。

苏富比在1973年推销Chantal唱片机可能太早了：80年代中期，一大批腰形榻、带有粉色和蓝色必备陈设的西班牙小馆、花里胡哨的夏威夷式衬衣装饰着火箭飞船，比摇滚乐复活更加强烈地让人回想起50年代的未来派现代主义，使得复古的性质从青少年反抗转向中产阶级热望。不过，1958年飞歌牌系列电视机（Philco's Predicta），当初推出时其实并不好销，反而被80年代收藏界珍藏。该时期的现代主义未来派仅仅是50年代风格的滥觞，消费者的选择范围很大。可是，复活该时期现代派，既证实了50年代的担忧，也坐实了70—80年代的担忧。

Devo的罗伯特·马瑟斯鲍，戴着乐队的招牌红帽子，1979年。

第三章 再造的50年代

里根总统1981年上台时,某些评论家试图将他的政见与50年代复活联系起来。《时代周刊》上,兰斯·莫罗将他比作艾森豪威尔总统,说他代表着"军事怀旧,这种意志简直要否决其间的岁月,在先前的场地上从头开始"。[70]可是,回潮并非怀旧。理查德·霍恩(Richard Horn)在《50年代风格:那时和现时》(1985)中说,50年代回潮表达了"某种玩世不恭,80年代穿着50年代风格的衣服,实质上自行可以解释为社会抗议"。[71]杰德·珀尔(Jed Perl)发现了两种形式的50年代回顾:"恭敬对待的话,50年代风格可以暗示对于60年代青年反抗的三思。不敬的话,同样的设计元素等于宣告,造反死灰复燃了。不必喜欢艾森豪威尔,就可以欣赏50年代设计的轻盈,友好的反讽。"[72]可以说,就像霍恩1985年的话所主张的:

> 许多人——特别是30岁不到的人——对于未来并不过分乐观……核战争的黑夜梦魇缠绕在50年代的大众想象之中。今天,许多人认为核战争是可能的白日威胁——是现实,不是梦境。无怪乎时髦的年轻人以实实在在的反讽态度,用穿衣服来回忆对核战争幼稚无知的时期。[73]

可是旧时期并不幼稚无知啊。尼尔森的球体钟和比基尼泳装像藏身隐蔽操练和核弹防空洞一样,试图解决核战争的现实。80年代,核威胁还没有消失;而太空军事化和远程导弹的开发,复活了核恐惧。正是战后使核恐惧正常化的种种努力、并且依然乐观看待未来,让三十年后的观察家觉得幼稚。

战后复活的概念使得法国仿古风(mode retro)纳入了50

年代复活运动的范围。按照回潮的大杂烩历史观，随着这两种复活运动的普及，两者的历史边界开始模糊了。70年代的时装出版物里，回潮成了形容服装款式借鉴法国40年代和美国50年代两项风格的口头禅。然而，法国仿古思潮暗指敌寇入侵和通敌合作，其联想意义不同于美国战后岁月的技术希冀和恐惧。这两种复活不乏深刻之处，还试图通过沉浸其中而重新发现并且直面过去。可是，50年代复活不仅质问了过去，而且鉴定了过去的未来观。沉浸于50年代过去，还意味着容忍它的技术乐观主义文化，并且发现未来已经不是从前的样子了。

第 四 章
昨天的明天的诱惑

20世纪80年代初,美国平面设计师保拉·谢尔(Paula Scher)吃惊地发现,她"发霉的艺术史籍"书页里竟夹着"几张妙不可言的李西茨基(El Lissitzky)和罗钦科(Alexander Rodchenko)海报"。[1]她多年来经常翻阅俄国构成主义图像,承认自己在"利用新艺术派和装饰艺术派设计作品"时忽略了它们。1974年,她注意到李西茨基1929年替苏黎世美术馆创作的图像海报,吓了一跳,海报用照片构成法将男女青年头像合成在一起,额头印上缩写USSR[苏联]。当时,她"看着巨型苏联额头说,'太奇怪'"。[2]但到了1979年,李西茨基和俄国同代人使用新图标了。谢尔承认,自己受到俄罗斯早期现代派艺术专题的一批书籍和美术馆展览的影响,而且承认,"我有不少设计师朋友同时中了'俄罗斯狂热',这也不是巧合。500个没有联系的人异口同声说'太棒了!'并且将该影响纳入作品,就形成了运动"。[3]

20世纪初的前卫艺术充满了幻觉热情,使其他风格相形之下变得奇怪而贫乏。它在60—70年代遭到一系列重估,但

1917年布尔什维克十月革命的艺术设计依然是最大的再发现，它遭到苏联长期压制，西方则因其共产主义联想而回避之。然而，60年代和70年代初，后斯大林时代的坚冰解冻，俄国构成派和至上派（Suprematism）在整个西方世界露面了。对于左倾的艺术家和知识分子而言，这种艺术盘旋在希望的地平线上，从而认可了似乎已经从政治和艺术之中消失的一套乌托邦式社会目标。70年代，早期现代派的复活一开始志向高尚，但它的风格很快就转变了，不是团结的姿态，而是时髦的趣味。另外，随着现代的过去（the modern past）被重新访问，观察家们注意到，未来也在改变。

给冷战加温

尼克松总统推行与苏联缓和政策的高潮，可能是1972年签订《战略武器限制条约》，但这一外交努力产生了意想不到的好处——俄国艺术品大量西进。为了尽快减少政治紧张，文化交流成了公共政策的显而易见的延伸。60年代，俄国革命时代艺术一开始以涓涓溪流形式向西流动，到了70年代就成为洪流了。尽管苏联政府对这些作品不置可否，住在西方的许多艺术家设计师却并无这种疑虑。在政治上混乱的年代里，他们看到罗钦科、李西茨基等人开辟的视觉语言里包含着反抗的句法。

到了60年代，许多20世纪初的艺术运动再次引人注目。例如，罗伯特·马瑟韦尔（Robert Motherwell）1951年的《达达画家和诗人》尤其重要，重新定位了达达对20世纪艺术的大影响。相反，1968年，魏玛包豪斯成立五十周年之际，西德政府主办了一场大型回顾展《包豪斯五十年》。国家出于对纳粹之前过去（pre-Nazi past）的自信，通过展会刺激了对于包豪斯遗产的重估，使得詹姆斯·梅洛（James Mellow）在《纽约时报》上评论说，这些设计"今天看起来跟几十年前刚刚创作时一样摩登"。[4]

相比之下，对于构成派和至上派重新感兴趣，是悄无声息的现象。西德政府大力推广包豪斯的成就，而苏联领导层就本国的艺术过去（artistic past）斗争不休。十月革命时期，俄国的艺术先锋派采纳了欧洲先锋派艺术的几个方面，包括立体派和未来派，来表达激进的政治经济理想。领头的艺术家设计师想要重新设计社会结构，努力将审美和工业生产结合起来。他们拘谨的几何图形与红黑调色板，为挣扎在哲学、社会灾难边缘的世界提供了视觉指导方向。

然而，这种艺术很快遭到共产党内意识形态变化的冲击。在斯大林领导下，20年代末30年代初发动了大改造运动，当局指挥俄国的先锋派放弃抽象艺术，远离外国的影响。到1932年，个体艺术团体被解散，代之以党领导下的工会。从健康的农民民间故事插图，到俄国领导人的英雄宣传画，政府开始提倡一种社会主义现实主义艺术风格，政治家们认为，这种风格会引起群众的共鸣。俄罗斯艺术史对于十月革命年代保持羞辱的沉默。官方的《俄罗斯艺术史》（1955）将1917—1924年压缩在第十二卷里，主要将非客观（non-objective）艺术等同于苏维埃国家的敌人。[5]与革命先锋派有联系的艺术家、作家日子难过。弗拉基米尔·塔特林（Vladimir Tatlin）运气还算好，于1953年默默无闻地死于莫斯科。诗人、批评家、平面艺术家马雅可夫斯基（Vladimir Mayakovsky）在20年代自我标榜为无产阶级理论家,却为日后的批评而痛苦万分,人们说他的作品属于形式主义、精英主义,遂于1930年吞枪自杀。尼古拉·普宁(Nikolai Punin)是批评家、理论家、艺术史家,他批评后来的形势发展,支持塔特林这样的艺术家,无端被捕,发配到北极圈附近的劳改营,1948年死去。

在西方,微妙的意识形态无关紧要。苏联先锋派在20年代被到处展览,到50年代便溜出雷达屏幕了。冷战高潮时,俄国革命艺术由于共产主义联想而遭到回避。史学家保罗·伍德(Paul Wood)说,西方人对于俄国的概念是"知性黑暗大陆,偶尔有敌意的苏联问题专家探查,没有活跃文化群体中有同情心学子来加以研究"。[6] 哪怕标准的调查报告,像雷纳·班汉(Reyner Banham)的《第一个机器时代的理论和设计》(1960),都很少提及俄国对于早期现代派的贡献。

不过,1953年斯大林去世,苏联文化政治启动了新纪元。革命艺术的官方书报审查延续着,苏联知识分子默默地重估了旧时期,他们自己对于革命的早期期许抱有怀旧感。20世纪初,俄国艺术私人展览都在艺术学院和科学机构举办,例如精英的莫斯科库查托夫原子能研究所举办过未公开宣传的小规模展览,作品来自伊凡·克里温(Ivan Kliun)、米哈伊尔·拉里奥诺夫(Mikhail Larionov)、柳波夫·波波娃(Liubov Popova)。在官方喉舌中,像文化部出版的报纸《苏联文化》,主要评论家开始呼吁官方重评这些早期风格。

西方也在留意。随着后斯大林时代的回暖,像卡米拉·格雷这样的学者得到了苏联的集藏,向西方再次介绍俄国的早期现代派,1962年出版了《伟大的实验:1863—1922年俄国艺术》。

李西茨基、马列维奇（Kazimir Malevich）、罗钦科、塔特林的作品为极简主义艺术提供了自然的灵感。60年代初，卡尔·安德烈（Carl Andre）和丹·弗莱文（Dan Flavin）等艺术家受到俄国艺术的影响，后者甚至从1964年开始为塔特林制作了一系列"纪念碑"。确实，俄国先锋派很快得到了认可，西方知识分子和艺术家"以近乎宗教般崇敬"看待旧时期，正如评论家希尔顿·克莱默1971年指出的，"马列维奇、塔特林、罗钦科、李西茨基、波波娃等人是这个新审美信仰中的圣人"。[7]

尼克松的缓和政策时机来得正好，助长了60年代复活俄国革命艺术。1969年始，勃列日涅夫和尼克松开始会谈限制战略武器的扩散。大多数外交家和政治家关注缓和对于外交政策的含义，但某些博物馆长鼓噪开放西方鲜有人知的俄国至上主义、构成主义作品。然而，苏联的文化部长们左右为难，他们急于在国外争取文化上的威望，却不想惹恼国内的官僚，俄罗斯的早期现代派在政治上有嫌疑。哪怕俄国的国家画廊都不允许展览库存的大量十月革命先锋派艺术的收藏。这种斗争在60年代末70年代初西方的俄罗斯美展中持续不断。1971年，伦敦的海沃德画廊在《革命艺术：1917年以来的苏联艺术与设计》展览中提供两种不同的目录手册，一种是触目惊心的红黑白封面，包含大量图片，以及《纽约时报》称为"信息丰富而又热情洋溢的文字"，歌颂俄国革命的艺术。[8]另一种目录使用素净的黑白封面，苏联艺术史官写的一篇介绍文章，是苏联文化部钦定的。另外，展览开始前不久，苏联使馆的官员吃惊地发现，有整整一个展室用于展览李西茨基的作品，而它们是现政府所禁止的。来不及更改了，该空间遭到封杀涂抹；李西茨基、马列维奇、波波娃的其他作

品被判"脱离群众",也被逐个剔除。⁹

这种斗争并没有玷污参展艺术家的声誉,反而增添了该艺术的反抗魅力。克莱默代表一些人说话,称俄国的早期现代派为"乌托邦骗局",提供了晦暗的"关于未来艺术必须孕育的理想模型"。¹⁰另一些人,如平面设计师谢尔,认为俄国先锋派解答了"一个消极性、保守主义时期,那时我们的个人和经济期望普遍降低了。构成主义作品会让我们觉得,自己正在灵感时期创造一种视觉反抗"。¹¹到了70年代,俄国革命艺术,就像大部分早期现代派一样,让许多艺术家和知识分子看来,是没有走过的乌托邦道路。

大卫·金,为"南非种族隔离在实践"设计的海报,1978年。

内维尔·布罗迪,红楔子标志,1985年。

20世纪70年代初,随着西方进入经济社会风气败落期,构成主义和至上主义诱惑力强劲。在美国,水门事件丑闻、越南战争,经济突遭欧佩克奴役,出现了全国性信仰危机。英国60年代的现成殷富留下了严重的宿醉,出现了二战以来最糟糕的失业潮,国家似乎踏上了不断加速的衰退。1975年,英国财政部长丹尼斯·希里(Denis Healey)计划削减公共财政支出30亿英镑,失业人数达到150万人。随着资本主义的萎靡,俄国革命的意象独树一帜,充满了意识形态和审美自信。苏联的文化部长对于本国革命艺术和设计模棱两可,但它的远见应许渗透到了世界各地的展览馆。彼得·施杰尔达(Peter Schjeldahl)1981年评论了这种展览,断言:

> 不管俄国人做了什么别的,他们生活着[着重号是他加上的]。一天一天,他们将变化中的世界连接起来,要么影

响世界,要么让世界影响它……我不知道如何着手将这一切应用于我们迷宫般的当前困境。就把它当作召唤新的不满的口号吧。[12]

70年代,其他人也想方设法去应用俄国早期现代派的乌托邦理想主义。英国的左翼里,迷幻世界里来的装饰音符在地下出版物中出现,草根运动如核裁军运动依靠现代派清晰风格引发的简单符号(signage)和口号。正如设计师大卫·金后来所说的,"左翼没有视觉风格,而是大杂烩"。[13]金是《星期日泰晤士》杂志的艺术指导,1970年去莫斯科研究之后,越来越多地设计至上主义风格的作品,不仅供杂志发表,还为书籍设计,并编入了缓和政策之后的展览目录,例如,海伍德画廊的《革命中的艺术》。金自称"不结盟左派"[14],但豪立斯(Richard Hollis)等人前来加盟,他使用俄罗斯派生的设计词汇,来设计牛津大学现代艺术馆1977年的李西茨基画展海报,追忆早期的严峻风格。金后来说,他并不是有意让作品"有俄罗斯模样",[15]但其后来设计作品的简单强调元素,为"南非种族隔离在实践"(1978)、反纳粹同盟和全国新闻记者工会等组织完成的,清清楚楚地归功于俄国革命艺术。到80年代初,这一政治词汇与英国的主流左派日益相关。布罗迪的红楔子标志特别归功于李西茨基1919年创作的海报《用红楔子打败白军》。红楔子是英国音乐产业摇滚乐手合作社,支持工党。

但在其他领域,这个政治讯息逐渐式微,因为早期现代派和俄国革命艺术为英国兴起的朋克亚文化所同化,成为一系列风格姿态之一。从粉丝杂志(fanzines)到束缚裤、传单到唱片封套,朋克的青年反权威主义转换成了"自己动手"(DIY)设计词汇。[16]朋克中的某些野心勃勃者,马尔科姆·麦克拉伦(Malcolm McLaren)和贾米·雷德(Jamie Reid)试图采用法国人居伊·德博尔和情境主义国际的逻辑,来颠覆正在勃兴的商品文化及其广告;还有许多朋克转而搜遍20世纪初现代派的丰富遗产。《郊区报》的雷德应麦克拉伦之邀,为"性手枪"乐队构思视觉形象,当时他"认为朋克属于近百年来蓬蓬勃勃的艺术运动,植根于俄国宣传鼓动员、超现实主义、达达主义和情境主义"。[17]

俄罗斯革命艺术,还有早期现代派的一大堆其他形式,在朋克亚文化中出现了,特别是出现在朋克曲集中。朋克们热情吸收过去的意象,表现出工业虚无主义,而不是新艺术派和装饰艺术派复活作品的典故折中主义。设计师如巴尼·巴勃尔斯,原名科林·福尔彻,于70年代中期兴起,其图像语言归功于早期现代派的反抗触须。他为"倒霉乐队"《快乐音乐》设计的封套,明显但微弱地归功于大量的现代运动,从康定斯基的辉煌饱和几何体,到琼·米罗(Joan Miró)的生物形态严峻风格。俄国早期现代派尤其影响巨大。设计师们倾心于它的坚定反抗性,艾尔·麦克道威尔不久成立了设计公司"摇滚俄国人",起名受到巴勃尔斯的封面设计的启发。

音乐产业的英国设计师重新发现、改造了构成主义作品,无独有偶,德国"发电站"(Kraftwerk)乐队的曲集《人体机器》是电子乐的先锋作品,室内乐、环境乐、工艺乐风格的先驱,封面是严肃的红与黑,有棱有角,版面突兀,集中在一起的集体肖像,被幽默地归功于李西茨基。"发电站"的电子失真声乐和机器人重击合成器，除了朋克摇滚乐的猛烈风格，还营造了一个后工业世界。从俄国人那里抄袭的催眠术般呆板的声音和僵硬的机器意象，没有唤起俄国革命先锋派的工厂车间理想主义，而是产生了一种逼迫性世界幻象，有一点令人毛骨悚然，使音乐狂喜变得阴冷、机械、精确。

主流社会的许多人认为，哪怕经过美化，俄国一本正经的美学也太极端了。20世纪80年代初，布罗迪应邀重新设计左倾

发电站，《人体机器》的封面，1978年。

的伦敦娱乐指南《城界》的新构成主义外观,他说:

> 人们被要求选择"取或者舍",没有机会颠覆,没有机会够到可能购买《城界》的广大公众,因为他们就是要出去玩个痛快……它具有乌云的效果,对于寻找娱乐的人显得压抑。[18]

只是复古设计运动来到后,心情轻松地重访早期现代派的平面设计,这种意象才跳过文化火线,成为广大购物大众的吸引力量。

"捷舞现代派"与拯救纽约的妇女

到了80年代中期,瑞士德高望重的手表工业被亚洲竞争者击溃,国际市场份额从1974年的30%下跌,到1984年只有其半数了。瑞士的银行强迫国内两大手表制造商在83年合并。瑞士人还改变了战术,创造了一种新表。斯沃琪手表廉价、结实、指针式,专门针对"情感"层次的购买者,令业内分析家瞠目结舌。作为高工资国家出产的价廉物美产品,斯沃琪挑战着既有的经济智慧。营销格言"瑞士上品,低价出击"还与"无国家"跨国公司的理解力相抵触。有一位经理说,斯沃琪坚信,其产品会打动"同情的观众……欧美人士见到你能证明他们的社会不颓废,开心得要命啊"。[19] 早在1984年,美国布鲁明代尔百货商店的一个购买者激动地报告说,顾客来到钟表店"一下子买了两只、三只,甚至五只"。[20] 到1985年,公司销售手表和相关产品大赚了两亿美元。

瑞士人采用了若干重大商业策略,但最最重要的策略斯沃琪老总们称为"彻底沟通计划",以引人注目的复古意象做广告。1985年,斯沃琪的美国广告攻势以清晰的瑞士现代派暗示,来拉拢消费者脱离亚洲的竞争者。在苏黎世,斯沃琪的快速回升令人松了口气,并且开拓了崭新的生产实施方法。在纽约,它的广告攻势成为广泛的复古运动的一部分,拯救了该市作为美国首屈一指广告中心的地位。不过,设计界许多人很快会抱怨它滥用旧意象,声称它标志着"摇摆舞现代派"的光临。平面设计的复古运动最初由批评家和史学家菲利普·梅格斯发现[21],一开始仅限于谢尔、路易斯·菲利、卡林·哥德堡(Carin Goldberg)和洛林·路易。从细长的新艺术派字体,到包豪斯风格的华丽无衬线字体,这些复古设计师分别利用早期现代派的字体、排版和图像,各自将不合常规的字体混合成粗放的几何图形。他们常常强调排字式样,轻视插图,这在70年代末是异乎寻常的。更有甚者,他们偷窃现代艺术的过去,对于广大公众来说是可以理解的。

这些创新型设计师都是女性,在比较保守的出版、娱乐业工作。当然,回潮仅仅是她们使用的一种方法,但从谢尔70年代末为哥伦比亚广播公司唱片部工作时开始,它成为一种普遍承认的特有风格。她的曲集海报《最佳爵士乐》(1979)上有一个构成主义概念的字体,呈45度分布,使用红色与黑白的颜料。不过,俄国先锋派并非驱动回潮的唯一现代派设计词汇。哥德堡循环利用维也纳分离派约瑟夫·霍夫曼的纤细字体,设计了雷纳·玛丽亚·里尔克《致俄耳甫斯的十四行诗》(1985)的书籍护封。1983年,菲利为玛格丽特·杜拉斯小说《情人》创作的封面设计,培养了一种有意识的低调的复古主义方法,将过时的30

年代字体与微妙的玫瑰色耦合起来。然而，最臭名昭著的复古主义作品，是谢尔1986年为斯沃琪创作的海报。斯沃琪广告依据赫伯特·马特1934年为瑞士旅游局设计的符号海报，本身就是李西茨基风格的照片集锦（photomontage），它显然挖掘了旧时的设计传统。谢尔用松散出格的字母SWATCH替代原来紧凑的SCHWEIZ主题词。设计师还在右下角加上手腕，戴着三只斯沃琪手表。公司管理层后来坚持将她原始草图中的手表放大，这是熟悉的重复，在谢尔的自传《放大它》（2002）的书名中得到呼应。尽管有这种妥协，或者说正因为有妥协，斯沃琪意象才在主流广告中脱颖而出。

保拉·谢尔，《最佳爵士乐》，1979年。

路易斯·菲利,杜拉斯《情人》封面,1983年。

1989年梅格在《印刷》杂志上发表的文章《拯救纽约的妇女》,描述菲利、哥德堡、路易、谢尔是"新的意想不到的运动"。他说,她们复活了死气沉沉的麦迪逊大街,就此拯救了纽约广告业每况愈下的声名。[22]令人哭笑不得的是,她们中没有一个人加盟了纽约的大广告公司。而麦迪逊大街声名远播的广告公司,却并非二十来年前推动反主流文化的"创新革命"的胡子密使。尽管他们的公司现在提供全面的专业服务,包括公共关系、公司标记,乃至产品设计,业内观察家和客户一样,都抱怨那些巨头公司正在老生常谈,反应迟钝,最糟糕的是,创作的广告毫无想象力。在明尼阿波利斯、波特兰、旧金山等城市,一些灵活的"精品"小广告公司生意红火,1988年,明尼阿波利斯的广告公司所

第四章　昨天的明天的诱惑

保拉·谢尔，斯沃琪手表广告，1985年。

获得的广告业著名的克利奥印刷奖，是纽约的两倍，这种势头就无可否认了。

回潮涉及早期现代派,这在"规则已经消失"(旧金山广告公司"古德拜、柏林、西尔弗斯坦"的杰夫·古德拜语)的行业中尤其新鲜。[23] 将伦敦电影院的大门罩和蒙德利安(Piet Mondrian)的《百老汇低音连奏爵士乐》(1942—1943)这样的各异来源,加以混合、洗牌、改造,为设计预算单薄、期望更单薄的面向青年的行业,提供了廉价而易懂的意象。谢尔1984年承认,"音乐行当内做设计师的美妙之处,在于没有什么必须有意思"。[24] 另外,许多复古设计师跟谢尔一样,替唱片业打工,其中英国的独立唱片公司,到70年代末已经声名远播。不过,对于顶尖畅销的哥伦比亚广播公司的唱片艺术家来说,朋克设计太极端,很少有决策者欣赏,甚至不肯承认与早期现代派有关。例如,纽约哥伦比亚广播公司办公室的老总们看到谢尔引进的俄国式设计,踌躇再三,宣称它们"看上去不够严肃"。[25] 谢尔就自己构成主义风格的《最佳爵士乐》海报说道:

> 设计更多地牵涉到将名字嵌入特定空间的无奈,经济不景气,预算低,而不是为了回到俄国先锋派的原则。我自始至终务实地使用该风格。我发现,在80年代的客户和从业人员中间,周围情况被淡忘,而风格成了目标本身。[26]

这种意象去政治化以后,为80年代进行了再创造。1991年,一家消费者营销公司的总裁说:"新颖性一度具有本身的优越性,现在没有了。"[27] 同时,大众新闻界开始感到,怀旧感无处不在,并且称赞回潮是80年代中间的决定性情感。《卫报》宣布,"回潮狂热"是1987年的主要设计趋势,[28] 连僵化的《基督教科学箴言报》都宣告"回潮时髦是当年的大趋势"。[29] 某些人认为,回潮的提法涉及哪怕稍微有怀旧感的任何东西。可是,回潮的大部分意象来自早期现代派。从蒙德利安式三基色方块包装的洗发膏,到安达信会计师事务所样本上悄悄使用李西茨基的作品,早期现代派的语言成了销售语言。[30]

也许俄国革命的意象所走过的路程离奇之极。70年代在西方重新冒头的早期乌托邦式许诺被更改了,正当"公开性"政策让苏联人享有更大的个人自由的时候,苏联革命先锋派的艺术,成了资本主义复活运动的一部分。1987年,设计专业作家里克·波伊纳(Rick Poynor)描述该现象时说:"红与黑不仅回来了,而且在我们周围无所不在。从巴黎的猫步,到设计小组的信纸抬头,从时髦的苏维埃口号T恤,到Oggetti意大利商店出售的至上派茶杯,想莫斯科红场所想,就是时髦。"[31] 1992年,史学家保罗·伍德调查了该风格新出现的日益非政治性的流行,滑稽地说,"关于俄国先锋派最危险的谣言,就是所谓它支持激进派政治,乃至广义的激进派政治哲学"。[32] 重新使用俄国革命的意象,使得营销图谋与历史内容相脱节。波伊纳宣称,"俄国革命艺术刨去意识形态内容,其技巧与母题就简化为一个'风格'了"。[33] 更早一些,鲍德里亚就反对"回潮政治,挖空了实体,在表面化操练中得到合法化,有游戏的气氛和冒险的场地"。尽管他并没有想到洗头膏和T恤,这种论据中却回响着他对回潮在模仿时代里的角色作出的警告。[34]

复古风格对于具有意象意识的公司是非常有利可图的,日益受到艺术界内部的批评,而它空泛呼唤20世纪初乌托邦的情况被叫做"摇摆舞现代派"。甲壳虫"昨天"的刺耳走调版本,开启了设计师卡尔曼(Tibor Kalman)在纽约视觉艺术学院1990年"现代派与折中派"研讨会的主题发言,回潮也随之成为文化战争的战场了。80年代末,卡尔曼为贝纳通(Benetton)、《采访》杂志和纽约时代广场再开发项目工作时,把自己定位为煽动者,就已经在谴责旧风格的循环利用。后来,卡尔曼、J.阿伯特·米勒、卡里·雅各布斯在《印刷》杂志著文《好历史、坏历史》,说"80年代是回潮的年代:背带裤、迷你裙、罗伊·奥比孙(Roy Orbison)、休格·雷·伦纳德(Sugar Ray Leonard)……,可真正的大回潮却是历史。我们在60年代清除了历史,70年代看到了世界没有历史的模样,80年代请求历史回来。历史真的回来了,回潮时石破天惊啊"。[35] 谢尔的斯沃琪海报受到青睐,因为它"有意识地模仿赫伯特·马特的海报,不仅仅是用它作为出发点。这是一个熟悉的策略(参见杜尚的《蒙娜丽莎》)。然而,从瑞士旅游到斯沃琪手表实现的语境移位,并不特别发人深省"。[36] 不过,自反性文化指称并不是斯沃琪的目标。《纽约时报》1987年指出:"自从第一批斯沃琪手表于1983年秋登陆美国以来,似乎该公司做的每一件不合常规的事情,结果都很好。"[37] 谢尔自己后来宣称,该海报是对其来源的戏仿形式。[38]

围绕复古设计的争论,不可避免地包括后现代主义,那是拒绝现代派中超验个体主义的知识分子运动,80年代在学术界和艺术界享有几乎无可比拟的通行度。支持这一知识分子运动的庞大文学和理论机器,包括舍丽·莱文(Sherrie Levine)、理查德·普林斯(Richard Prince)、麦克·彼得罗(Mike Bidlo)的工作,他们由于挑战现有的作者和独创性观念而获得评论界的注意。80年代的艺术家往往没有官方的许可,没有法律授权,利用盗用法去发掘早期现代派作品。例如,莱文拍摄了蒙德利安、梵高和爱德华·韦斯顿的图像。

不过,谢尔的斯沃琪广告在《小姐》杂志上发表时,其意图和语境则与纽约保拉·库珀画廊镜框内的莱文照片相异。公司的法律顾忌意识始终是头等大事,设计中盗用的实际界限就比画廊艺术划定得更为清晰。许多盗用事件并未遭受版权等事项的麻烦,但谢尔刻意从马特遗孀那里得到了使用马特意象的法律许可。另外,在模特的笑脸附近,谢尔的作品添加了手腕,还带上两只斯沃琪手表,利用平面设计的历史,同时使得商业目的昭然若揭。

这种循环利用势必与日益面向批评的设计职业相碰撞,不仅凸显了该领域在商业与艺术之间的尴尬地位,而且更加关涉历史,更多地处理历史。谢尔利用马特的照片集锦,采取更加活跃的策略,远胜于循环利用的比亚兹莱素描以及上一代的装饰艺术派饰边。这些形式是现代派遗产的含混部分,但纯正主义者反对把近世人物的作品当作"某种古罗马人所琢磨出来的东西,早就死亡的东西"。[39]更有甚者,谢尔暗中质疑现代派对同时代性的宣称。传统上,现代性被当作目标,而不是经过的驿站,只有通过复活才能回归。现代派艺术家、建筑师和设计师的作品旨在提升道德观,意在不朽。1978年,美国设计界公认的前辈保罗·兰德评价马特的艺术生涯时,认为他的作品"拥有那种人们本能地辨认出来的不朽、不偏不倚"。[40]斯沃琪的顾客千千万万,很少有人会发现马特的图像意象,发现谢尔重新使用它,但许多人欣赏其略带反讽的乐观主义,隐约参照了战前的广告。当然,现代派的名声从来没有像先前的装饰艺术派和新艺术运动那样衰落,但是,其死亡的最有效标记莫过于在复活中最终得到充分利用。卡尔曼等人认为,"现代派失败是由于其乐观精神失落了"。[41]确实,兰德认为,马特的作品既具有"商业性",又富有"探讨性",能提高"生活质量"。[42]卡尔曼同其他设计师争论说,"我们可以从构成主义那里学习的,不是45度角排字,颜色还原到红黑白,而是词序自由,排字信息毫无严格的等级体系……不应该关注风格迭代,而应该关注观念"。[43]然而,很少人注意到卡尔曼发出的号召,他停止谩骂回潮了,还要问"那你又能怎么办?"对于设计界内外的许多人来说,回潮的到来不仅暗示着乐观主义的失落,而且标志着某种观察未来的方式也过去了。

回潮未来派

"未来已经不是以前的样子了",70年代初的无名氏涂鸦这样宣称。[44]对于未来的构思,就像现代派的过去一样,从70年代起得到了重新配置。60年代、70年代的通俗文化发生了收缩,将怀旧感变革为回潮,却对于解决当前的问题不闻不问,令人触目惊心。不过,对未来的不确定性开始让学者和公众表达出来了。尤其是前面几代人的特色——对于未来的乐观憧憬,渐渐消失,不少人还向往起昨天的明天(yesterday's tomorrow)来。回潮的怀旧感向往的是飞行汽车和塑料房子的世界。回潮未来派的说法自相矛盾,未来曾经代表的东西,未来不再指代的东西,两者的差异在70年代渗透进了大众文化和学术文化。60年代,新艺术派和装饰艺术派长出了习得意义的铜锈,早期现代派在70年代同样得到了改造。正如神学家马丁·E.马蒂(Martin E.

Marty)在1975年所说的,"过去又得宠了,因为现在没有吸引力,无法提供满怀信心憧憬未来的基础"。[45]

自文艺复兴以来,思辨性乐观主义聚焦于乌托邦的纪律道德规范。但是,到了19世纪,延伸的历史研究,外加达尔文学说来了,鼓励对未来进行实验性的憧憬。随着工业化的推进,社会受到冲击,变革频仍,技术开发促成了乐观主义的想象物,比如儒勒·凡尔纳的潜水艇和螺旋桨动力热气球。从勒·柯布西耶关于城市挤满了颤巍巍摩天大楼的憧憬,到李西茨基关于苏联工厂的漂亮照片集锦,20世纪初先锋派艺术家和设计师还接受了技术炼金术,以便用应用科学和工业力量改造社会。大众文化也欢迎技术革新带来的生活改善。《科学神奇故事》和《未来科幻小说》等杂志预言了崭新的生活方式,可以迷倒乐此不疲的机器迷。孟山都化学公司在迪斯尼乐园的未来世界开辟了"未来之家"(1957),许多游客都期待着一个回响着迪斯尼口号的未来,"能够梦到,就能做到"。这种乐观主义的预言有美苏太空竞赛和塑料等新材料的添油加醋,一直持续到60年代中期。然而,在这种热情背后,前面几十年金光闪闪的未来主义就开始蒙尘了。

矛盾的是,回潮未来派是70年代成形的,而该时期具有技术进步又快又猛的特点。从微处理器的发端到大型喷气式飞机,从中子弹到试管婴儿,应用科学兴旺发达。不过,不少公众开始怀疑,技术能否成为社会公正的原动力。前瞻性科学的乌托邦含义里面,隐约可见悲伤的故事,包括自然环境污染、能源枯竭。法国神学哲学家雅克·厄里(Jacques Ellul)写了《技术社会》一书,1954年法文版初版,十年后在美国出版,预言了大

孟山都的未来之家，加州迪斯尼乐园，约1957年。

众会如梦初醒。阿尔文·托夫勒的畅销书《未来震撼》(1970)预告，人们很快会被技术变化所逼疯。公众对应用科学的警惕不容否认。

另外，真正的技术成就令人幻灭，甚至令人失去力量。尽管人类已经登上月球，日常生活却依然平淡无奇。美国太空计划的技术副产品，从医疗设备到新隔热方式，都是实实在在的，却缺乏早期未来憧憬的炫目光芒。随着人们对于技术的作用越来越生疑，在往事支配下制订出来的计划——比较诱人的未来憧憬本身就破灭了。整个70年代，美国宇航局计划削减，美国建设超音速民用交通网的计划取消了。环保主义者日益呼吁"适可而止的科技"，没有魅力却比较节约的人力、风力、太阳能系统,如风力发电机、太阳能电池,注入了新的活力和紧迫的道德性。兴致勃勃的科技乐观主义者在越来越少的大众部落中徘徊,大部分发配回《大众科学》或《大众机械》杂志了。

某些人认为,这种"信心危机"却是新的灵感来源。70年代末80年代初,科幻小说以新的方式占据了文化,破天荒得到认真研究,科幻小说史成为大学课程和出版业的主食。保罗·卡特(Paul Carter)《创造明天:科幻小说杂志五十年》(1977)和蒂姆·壮子(Tim Onosko)《难道未来不美妙?》(1979)等书近乎艳羡地回顾了充斥两次大战之间科幻小说的水晶式城市、太空站、星际旅行飞船。再如,德尔·雷(Lester Del Rey)《奇妙的科幻小说艺术,1926—1954》(1975)、詹姆斯·冈恩(James Gunn)《另类世界:插图科幻小说史》(1975)、布莱恩·奥尔迪斯(Brian Aldiss)编《科幻小说艺术:科幻的幻想》(1975),突出表现了过分乐观、怪诞不经的形象,那是当初吸引广大读者阅读科幻小说的东西。

70年代的未来观也是往回看的,时而像挽歌,时而像滑稽模仿。乔治·卢卡斯仅仅因为拿不到《巴克·罗杰斯》或《飞侠哥顿》的重拍权,才去拍摄了《星球大战》(1977)。其实,卢卡斯先前拍《未来世界THX 1138》(1971)时,就以1939年《巴克·罗杰斯》预告片开头,然后镜头一拨转向25世纪。该电影是现代派设计的胜利,拥有触目惊心的极简主义荒凉布景,其令人望而生畏的敌托邦,与《巴克·罗杰斯》的振奋乐观恰成对比。同时,《星球大战》以若有所思的欢快心情合并了过去和未来,将隆隆行进的太空站和快速旋转的激光束战斗,与30—40年代的视觉形象拼接在一起。例如,金属机器人C-3PO令人想起

《星球大战》机器人 C-3PO，1977 年。

弗里茨·朗格《大都会》(1927)中的女机器人，以及1939—1940年世界博览会上西屋公司展出的友善人形机器Elektro。勇敢地纠合变形的40年代时装和装饰艺术派大楼，成就了里德利·斯科特(Ridley Scott)的类黑色电影《银翼杀手》(1982)的背景，影片影响深远，为未来背景的片型提供了模板。该片讲述2019年左右的洛杉矶，30年代的电影门面和圣塔形建筑暗示着，过去永远不会淡忘，越来越把未来看作擦去重写的羊皮纸，充满了不完整的反映和局部的披露。

上一个年代迷恋新艺术派(原先自诩"现代风格")和装饰艺术派的"闪现并废弃"审美观，[46]已经提示了一种怀旧感，不是针对梦幻浪漫的过去，而是面向早期机器时代的轻快未来主义。利希滕斯坦将纽约重新设计成巴克·罗杰斯式的风景。罗伯特·史密森(Robert Smithson)热衷于"超级现代派"(ultramoderne)，这

肯尼·斯卡夫《飞船》，1979年。

个术语常常出现在30年代的《惊诧科幻小说》杂志上，而不是60年代的《艺术》杂志上。对于过去的未来憧憬这种坎普式怀旧感，延续到了早期现代派，充满期待地预测未来乌托邦。例如，俄国构成派的早年乐观主义，对于70年代的过气趣味特别有魅力，热情洋溢的乐观精神好像是不合时宜，却富有感染力。1975年，彼得·普莱根斯（Peter Plagens）在《艺术论坛》上评论说，俄国革命的艺术设计"对美丽新世界具有强烈的信念，对于印刷机的新体操怀有天真的乐趣！"但他又悲叹，这种热情被拙劣地转换为当代艺术设计。他回忆了旧时期的热忱，担心"当我们自己试图重新表现它时，却以卓别林店挂小金属片的T恤或者利希滕斯坦的《通过化学实现和平》告终"。[47] 1984年，谢尔回顾了70年代对构成派意象的使用,他说,"我们对俄国构成派作出回应时,我确信是在情感和实用层面应对我们的政治经济气候……俄国构成派的成果表现了俄国革命的乐观主义和马克思主义的乌托邦梦幻",及其一度应许的未来。[48]对于发电站乐队的电子世界来说,这转换为怀疑论的乐观主义,信任冷冰冰的科技音乐和机械的语音,呼应着李西茨基式曲集封面的机器组织化,还有他们关于机器人和太空实验室的歌曲,表达一种后工业化的焦虑。

不止是早期现代派,到了70年代末,连近期的50年代未来派,大众文化也怀旧地加以记住。美国流行乐队B52得名于妇女蜂窝式发型的南方俚语,以及1954年参加服役的美国远程轰炸机,肯尼·沙夫的矸光绘画如《飞船》(1979)则将太空时代的未来派与郊外环境融合起来。1987年,建筑评论家纳亚纳·库林波(Nayana Currimbhoy)回忆道:"在50年代,科学技术就是魔毯,准备把人类运载到光明的新世界。"[49]人们对Googie风格的建筑重新感兴趣,受到传统保护主义者的推波助澜,他们要为子孙后代保存这些战后建筑物。Devo乐队开发了冷战和科幻小说的记忆,采取挖苦形式的怀旧。

1977年,保罗·理查德在《华盛顿邮报》上宣告,正当"新生事物的宗教逐渐丢失追随者"时,一种"复古艺术"崛起了。"未来冲击在淡化,"理查德接着说,"革命在缩小。艺术家过去往往预言,今天一般会引用。复古艺术无处不在,在星球大战的古董炫耀中,在琳达·朗丝黛(Linda Ronstadt)的歌曲中……美国人有时候好像都成为史学家了。"[50]不仅仅是史学家的领域被非专业人员所殖民,而且历史与现在和未来的关系也在改变了。

从预言到引用的转换，暗示着向后转，而不是向前。当公众开始问核动力飞行车、月球城市好不好，而不是可能不可能，与现代性观念密切相关的一种进步主张就过去了，结束了，一去不返。回潮对于嘲笑和怀旧的高度自觉的混合，提供了一种引诱性以太，表明历史是可以偷窃的东西，而不是严肃对待的东西。理查德认为，过去"没有被接替，而是被开采了"。[51] 可是它还判定了大分野，标志着从最近的过去的分离，回潮的怀旧嘲讽不是形成连续性，而是助长文化自恋。回潮将最近的历史转化为可消费的物件，表明先前时期的大众文化艺术设计可以用来撇清自己与最近的过去。

跋

1937年,在回潮兴起很久之前,史学家詹姆斯·拉弗就观察到涉及一种风格大众褒贬的随意流动现象。他把这些想法提炼了一下,提出了一个风趣的范式,预测了任何新时尚在160年之间受欢迎的情况。"同样的服装,"他说道,

> 在时兴之前10年属于"不体面",时兴前5年是"不要脸",前1年是"出格",时兴后1年是"漂亮、老式",10年后是"难看",20年后是"可笑",30年后是"滑稽",50年后是"奇怪",70年后是"迷人",100年后是"浪漫",150年后就是"漂亮"了。[1]

这个时间划分称为"拉弗定律",描述了"近代"——从法国革命到20世纪初——的时尚变化。拉弗的趣味轨迹跟踪一个风格从难看、不体面到圣洁优雅的接受度的变化,暗自强调了连贯性。相反,回潮意味着断裂。它热衷于过时和过气的东西,声称坎普式的再发现感。但回潮也迈过了一个审美门槛,用"怪异"和"丑陋"代替"迷人"和"浪漫"。

跋

1984年,平面设计师保拉·谢尔反思了自己对20世纪初俄国革命艺术家艾尔·李西茨基图像作品的新兴趣,回忆起几年前自己不愿意看李西茨基的苏黎世工艺美术博物馆海报,说它"太古怪"。五年后,她再次看到该海报,就回心转意了:如今那是"佳作"。谢尔暗自更新了拉弗定律,自己勾勒了风格变化受到回潮影响的时间框架。"如果要预测未来平面图形趋势,"她说,

> 我们只要拿起海报书,录下我们对于各种体裁和时期的反应就行了。反应的意思是:
>
> "很好"——这是我们现在所做的,或者明天要做的,哪怕客户人人反对。
>
> "好"——这是过去三年做的,"很好"被拒绝时转而做的。
>
> "累了"——过去五年做的。
>
> "太怪异"——五年后要做的。
>
> "太难看"——十年后要做的。[2]

拉弗的定律横跨160年,而谢尔的时间框架覆盖15年;拉弗勾勒了时尚缓步迈向历史的接受,而回潮几乎以疯狂的速度达到同样目的。回潮可不允许历史时期优雅地老去。通过拉动大众文化的马桶水箱放水,以可预测的规律性进行一系列以年代为单位的复活,匆忙地将"难看"化为"很好"。就这样,回潮特许了拉弗定律的一个方面,"滑稽"。历史成熟程度和细微差别的情感反应消失了,拉弗描述的"奇怪"、"迷人"、"浪漫"、"漂亮"

模式荡然无存,代之以自反性的"怪异"和"好"。但回潮的影响超越了平面设计。这种说话尖刻的复古主义形式,记忆最近的过去时很尖酸,已经侵入了我们对历史的感受。

最近的过去日益理解为回潮简单又简单、往往很尖刻的方式。在 80 年代,60 年代末被记忆作乌托邦式嬉皮士避风港,为迫不及待的消费者而再生,消费者购买涡旋纹花呢格式的男衬衫,聆听迷幻车库乐队,接着是近期的扭曲空间聚苯乙烯豆形包、"彩色塑料"(plastic fantastic)椅子、航天员头盔式电视机。70 年代在非洲发式和喇叭裤中再现,俱乐部迪斯科晚会呼唤起随心所欲的性幻想,老于城市世故的人复活了商品化前的希普-霍普音乐,还有 T 恤上印着先驱拉普说唱乐手的肖像和首次家庭聚会海报的复制品。近来,80 年代已经被复活,以该时期欢快明亮的流行文化、电子合成乐的悠远技术未来派,或者新兴的视频游戏文化著称。一个年代的复活无情地接着另一个年代的复活,回潮将历史的进程从堂皇进步改造成了旋转门。

复古主义以时髦的超脱来观察过去。70 年代末 80 年代初的随意复古主义,背景是冷战解冻、整个西方的政治经济病态,它鼓动起谢尔等人重新发现了早期现代派。但俄国先锋派原来闪耀着预言家的热情,而其复古再生风格则并非社会主义团结的姿态,而是嬉皮士趣味的标记。同时期的法国理论家鲍德里亚认为,回潮使过去去神话化了。他分析了历史在 70 年代电影中的作用,确认过去的暴发性问题如纳粹主义,如今描述起来模棱两可,没有道德规定了。历史被耗竭了意义。早期现代派的再创作,使其来源去政治化了,到了 80 年代中期,想起俄国革命的红与黑图形,拿去装点会计师事务所的广告册了。最好的情况下，回潮以激烈的反讽意识唤起了对过去的重温，复古主义在回忆中有自我意识，揭露了历史记忆的任意性；最坏的情况下，回潮掠夺历史，罔顾道德责任、蕴含的差异。由于整个最近的过去都通过回潮的加速时序模糊而引入大众历史意识，我们也冒险吸收了其价值观。

打"V字胜利"记号的青年，摆弄70年代回潮的模样。

　　回潮尽管时序上靠近，却提出了现在与最近过去的大分野。在19世纪，历史复古运动依赖于过去的成功，利用过去作为改良的基础。虽然我们不再依恋现代派的乐观主义，却继承了日常生活千变万化的概念，所以，我们的经历显得跟过去的东西格格不入。过去不管多么靠近，依然是遥远、清晰的"他者"。回潮

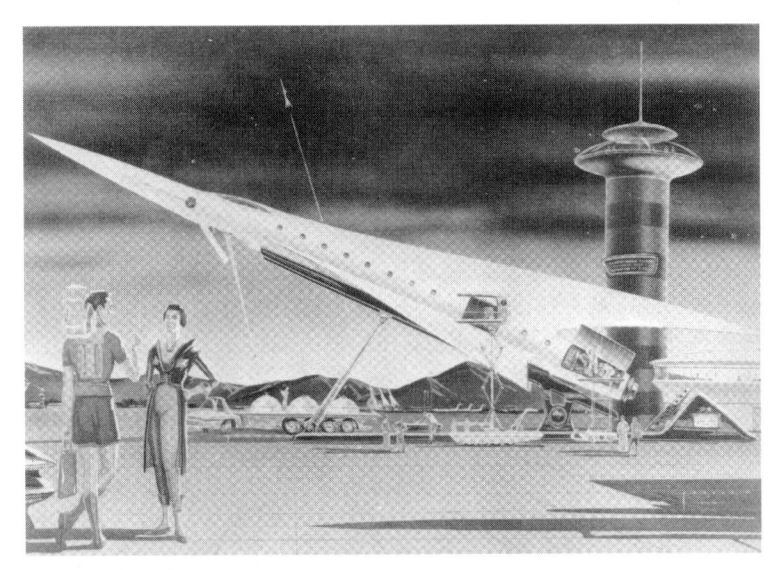

"登月航班",约 1958 年:艺术家对月球旅游的未来印象。

回忆的过去不仅仅是分立的,而且很幼稚。它讥讽地回忆 1939—1940 年纽约世界博览会上西屋公司展出的家用机器人 Elektro 令观众目瞪口呆的情形,还有随意的未来派,想象度假者驾尾翼汽车抵达登月航班的机场。我们自以为比前辈更懂得人情世故,也超越了早期的乐观主义形式。未来成了变幻莫测的领地。

回潮使我们疏远现代之过去,因为我们有一种挥之不去的感觉,已经辜负了它的传承。1955 年迪斯尼乐园的未来世界开放时,应许了一个阳光明媚、清洁无尘的高效世界,使用塑料房屋,飞行汽车。90 年代末回潮影响下的未来世界翻新形式,礼赞了过去的未来憧憬,从儒勒·凡尔纳和 H.G. 威尔斯,到 1939—1940 年的世界博览会。迪斯尼乐园给我们憧憬了休闲人生和超凡脱俗。这些目标不但没有兑现,我们还质疑憧憬的细节是否可取。例如,未来世界的自动行人运输系统(PeopleMover)预言了未来的高效公共交通工具,但不久就发现,其能源消耗在园内首屈一指。[3] 从能源担忧到全球变暖,我们的关注点变了。但回潮还重复了一种经久不衰的怀疑,即我们失去了前期的乐观自信。迪斯尼乐园的官员说,未来世界1998年的翻新开发利用了过去,因为"未来之梦在今天跟昨天一样吸引人"。[4] 回潮的反讽掺和着变态的渴望形式,几乎是自反性地处于守势。正如迪斯尼乐园官员所说的,"如今难以让孩子们梦想在可信的未来生活、承担角色了"。[5] 回潮回忆允许我们对最近的过去打下隔离墙,提出古今大分野,将它与现在分开。但回潮还允许对于最近的过去怀有勉强的迷恋。

60年代初,"retro"制动火箭使 retro 普及的时候,这个术语与太空技术关系密切。制动火箭对于提供火箭主要动量的反推动力必不可少,在关键时刻使用,以改变飞船的前进方向,否则火箭会脱出轨道,或者无法减速着陆。制动火箭在关键点激活,可提供必要的反推力。回潮就像这种火箭,会往回看,但也提供了走向新事物的最后推动力。

回潮过去就像两面门神,不能同大众的未来概想脱钩。60年代末和70年代,随着对技术的恐惧加大,许多经济体被去工业化,公众对于未来的信心动摇了。从电话到电视,引领前期技术突破的消费类产品继续盛行,提醒早年技术大跃进的存在。大家都关注衰退,从报酬丰厚的工业岗位的渐渐持续减少和工厂大批倒闭,到垃圾填埋场的长时间空气污染、化学污染物;却很少考虑下一步的遭遇。过去的三十年经历了科学技术方面的重大发现,包括量子物理学和信息科学、生物科学、纳米技术。但这些新创见并没有抓住大众的想象力,还不如两次大战之间未来派杂志如《惊异传奇》、《技工画报》所生动预测的改变人生的科学进步呢。回潮是个征候,而不是目的。我们被拖向过去,因为我们关于未来的憧憬尚未成形。

引文出处

导论：回眸我们现代化之时

1 John Russell, 'London', *Art News*, LXV/52 (1966), p. 19.
2 Ibid.
3 A. D. Hippisley Coxe, 'Kinky Classics', *Design*, CLXXXVIII (1964), p. 66.
4 'New Look at Art Nouveau', *Time*, LXXXIV/52 (1964), p. 62.
5 Fredric Jameson, 'Nostalgia for the Present', *Postmodernism or the Cultural Logic of Late Capitalism* (Durham, NC, 1991), p. 283.
6 Bernardine Morris, 'Will the "Retro" Look Make It?', *New York Times* (1 January 1979), p. 18.
7 Lucy Lippard, 'Hot Potatoes: Art and Politics in 1980', in *Get the Message?: A Decade of Art for Social Change* (New York, 1984), p. 165.
8 Lucy Lippard, 'Rejecting Retrochic', in ibid., p. 176.
9 Lucy Lippard, 'Retrochic, Looking Back in Anger', *Village Voice*, XXIV/50 (1979), p. 67.
10 Jean Baudrillard, *Simulacra and Simulation*, 1981, reprint, eleventh edition, trans. Sheila Faria Glaser (Ann Arbor, MI, 2004), p. 43.
11 Ibid., p. 45.
12 Philip B. Meggs, 'The Women Who Saved New York!', *Print*, XLIII/1 (1989), pp. 61–71, 163–4.

13　Raphael Samuel, *Theatres of Memory* (London, 1994), p. 95.
14　'Nixon Endorses Nostalgia After Seeing Nanette', *New York Times* (5 August 1971), p. 17.
15　George W. S. Trow, 'Bobby Bison's Big Memory Offer', *New Yorker*, l/27 (1974), p. 27.
16　Archibald MacLeish, 'Why the Craze for "The Good Old Days"', *US News and World Report*, LXXV/20 (1973), p. 72.
17　'Nixon Endorses Nostalgia', p. 17.
18　Gerald Clarke, 'The Meaning of Nostalgia', *Time*, XCVII/18 (1971), p. 77.
19　Jean Starobinski, 'The Idea of Nostalgia', *Diogenes*, LXIV (1966), p. 90.
20　Ibid., p. 10.
21　Fred Davis, *Yearning for Yesterday: A Sociology of Nostalgia* (New York, 1979).
22　Clive Barnes, 'No, No Nanette is Back Alive', *New York Times* (20 January 1971), p. 24.
23　Jameson, 'Nostalgia for the Present', p. 526.
24　Baudrillard, *Simulacra and Simulation*, p. 43.
25　Seth Schiesel, 'Once-Visionary Disney Calls the Future a Thing of the Past', *New York Times* (23 February 1997), p. 24.
26　William Booth, 'Planet Mouse: At Disney's Tomorrowland the Future is a Timid Creature', *Washington Post* (24 June 1998), D. 01.
27　Christopher Cornford, 'Cold Rice Pudding and Revisionism', *Design*, CCXXXI (1968), p. 46.
28　Ibid., p. 48.
29　Clarke, 'The Meaning of Nostalgia', p. 77.
30　David Harvey, *The Condition of Postmodernity: An Enquiry into the Origins of Cultural Change* (Oxford, 1989), p. vii.
31　Thomas Crow, 'Modernism and Mass Culture in the Visual Arts', in *Modernism and Modernity*, ed. Benjamin H. D. Buchloh, Serge Guilbaut and David Solkin (Halifax, Nova Scotia, 1983), p. 253.
32　Baudrillard, *Simulacra and Simulation*, p. 43.
33　Ibid.
34　Ibid., p. 44.
35　Ibid., p. 47.

第一章 新艺术派又翻新了

1 Evelyn Waugh, 'Gaudí', *Architectural Review*, LXVII (1930), pp. 309–10.
2 George Orwell, *Homage to Catalonia* (New York, 1952), p. 225.
3 Waugh, 'Gaudí', p. 309.
4 Anthony D. Hippisley Coxe, 'Kinky Classics', p. 67.
5 Hilton Kramer, 'The Erotic Style: Reflections on the Exhibition of Art Nouveau', *Arts Magazine*, XXXIV (1960), p. 26.
6 Deborah Silverman, *Art Nouveau in Fin-de-Siècle France* (Berkeley, CA, 1989), pp. 232–42.
7 Anonymous, 'Pillory, L'Art Nouveau at South Kensington', *Architectural Review*, nos. 111/8 (1901), p. 104; and Judith Neiswander, '"Fantastic Malady" or Competitive Edge? English Outrage at the Art Nouveau in 1901', *Apollo*, n. s., CXXVIII (1988), pp. 310–13.
8 Anonymous, 'Pillory, L'Art Nouveau at South Kensington', p. 310.
9 Anonymous, 'L'Art Nouveau: What is It and What is Thought of It?', *Magazine of Art*, II (1904), pp. 211–12.
10 Lewis Mumford, 'The Wavy Line versus the Cube', *Architecture*, LXII (December 1930); reprinted in *Architectural Record*, CXXXV/1 (1964), p. 115.
11 John Betjeman, '1830–1930: Still Going Strong: Guide to the Recent History of Interior Decoration', *Architectural Review*, LXVII (1930), p. 238.
12 Aline B. Saarinen, 'Famous, Derided and Revived', *New York Times* (13 March 1955), p. X9.
13 Museum of Modern Art archives, Philip Johnson, exhibition notes to *Objects 1900 and Today*, 1 April–1 May 1933.
14 Anonymous, 'Exhibitions in New York: "Objects 1900 And Today"', *New Yorker*, I (1933), p. 10.
15 Alfred Barr, letter to Adeline Guimard, 23 May 1949, in Adeline Oppenheim file, New York Public Library, Manuscripts and Archives.
16 Nikolaus Pevsner, *Pioneers of the Modern Movement from William Morris to*

Walter Gropius (London, 1936).
17 Salvador Dalí, 'Phenomenology of L'Angélus Paranoiac-Critical Activity Applied to the Secondary Phenomena'; reprinted in Haim Finkelstein, *Collected Writings of Salvador Dalí* (New York, 1998), p. 10.
18 Salvador Dalí, 'De la beauté terrifiante et comestible, de l'architecture modern style', *Minotaure*, II?IV (1933), pp. 69–76.
19 Salvador Dalí, 'L'Ane pourri', in *La Femme visible* (Paris, 1930), pp 19–20.
20 Dalí, 'De la beauté terrifiante et comestible', p. 71.
21 Dalí, 'De la beauté terrifiante et comestible', pp. 69–76.
22 A. Galvano, 'Un arredamento di Carlo Mollino', *Stile*, V–VI (1941), pp. 31–42.
23 Kenneth Fehrman, *Postwar Interior Design, 1945–1960* (New York, 1986), p. 72.
24 Hermand Jost, *Jugendstil* (Darmstadt, 1971), p. 4.
25 'Neo-Liberty: The Debate', *The Architectural Review* CXXX (1959), p. 343.
26 Reyner Banham, 'Neoliberty: The Retreat from Modern Architecture', *Architectural Review*, CXXV (1959), p. 235.
27 'Neo-Liberty: The Debate', p. 343.
28 Banham, 'Neoliberty', p. 235.
29 John M. Jacobus, Jr, 'Review of Steven Tschudi Madsen', *Sources of Art Nouveau, Art Bulletin*, XV (1958), p. 373.
30 Ibid.
31 Saarinen, 'Famous, Derided and Revived', p. X9.
32 Herbert Weissberger, 'After Many Years: Tiffany Glass', *Carnegie Magazine*, XXX (1956), p. 279.
33 Steven Bruce, interview with the author, New York, 21 February 2001.
34 Calvin Tomkins, 'Raggedy Andy', in *Andy Warhol*, ed. John Coplans (Greenwich, CT, 1970), p. 9.
35 Saarinen, 'Famous, Derided and Revived', p. X9.
36 Cynthia Kellogg, 'Design by Mr Tiffany', *New York Times Magazine* (26 January 1958), p. 50.
37 Betty Pepis, 'Revival of Tiffany Lamps Empties Attics and Closets', *New York Times* (9 July 1956), p. 28.

38 Ettore Sottsass, 'Liberty: la biblia di mezzo secolo', *Domus*, CCXCII (1954), p. 43.
39 Edgar Kaufmann, 'Tiffany: Then and Now', *Interiors*, CXIV (1955), p. 82.
40 Ibid., p. 84.
41 Saarinen, 'Famous, Derided and Revived', p. X9.
42 Steven Bruce, interview with author, New York, 21 February 2001.
43 Anonymous, 'After Hours', *Harpers*, CCXIII (1956), p. 80.
44 John Canady, 'Art Nouveau', *New York Times* (12 June 1960), p. 131.
45 Susan Sontag, 'Notes on Camp', in *A Susan Sontag Reader* (New York, 1982), p. 118.
46 Ibid., p. 108
47 Ibid., p. 107.
48 Ned Rorem, *Knowing When to Stop: A Memoir* (New York, 1994), p. 470.
49 Saarinen, 'Famous, Derided and Revived', p. X9.
50 Sontag, 'Notes on Camp', pp. 117, 105.
51 Anonymous, 'New Look at Art Nouveau', *Time*, LXXXIV/8 (1964), p. 63.
52 Ibid., p. 10.
53 Advertisement for Stern's department store, *New York Times* (14 March 1965), p. 55.
54 Anonymous, 'New Look at Art Nouveau', p. 63.
55 Anonymous, 'Nouveau Frisco', *Time*, LXXXIX/14 (1967), p. 66.
56 Gloria Steinem, 'The Ins and Outs of Pop Culture', *Life*, LIX/8 (1965), p. 80
57 George Melly, *Revolt into Style: The Pop Arts* (London, 1971), p. 150.
58 Anonymous, 'After Hours', p. 80.
59 Anonymous, 'Art Nouveau: Then and Now', *Print*, XVIII (1964), p. 17.
60 Ernest Hoch, 'Revivals, Sterility and Riotous Self-Expression', *Studio International*, CLXXV (1968), p. 219.
61 Thomas Frank, *The Conquest of Cool: Business Culture, Counterculture and Hip Consumerism* (Chicago, 1998).
62 Hoch, 'Revivals, Sterility and Riotous Self-Expression', p. 219.
63 Anonymous, 'Nouveau Frisco', p. 69.
64 Ibid.
65 Carl Belz, 'Around the Bay', *Art International*, XI/3 (1967), p. 49.

66 Anonymous, 'Nouveau Frisco', p. 69.
67 Paul Grushkin, *The Art of Rock: Posters from Presley to Punk* (New York, 1987), p. 72.
68 Anonymous, 'Nouveau Frisco', p. 69.
69 Jon Borgzinner, 'The Great Poster Wave', *Life*, LXIII/9 (1967), p. 42.
70 Anonymous, 'Nouveau Frisco', p. 69.
71 Ibid.
72 Grushkin, *The Art of Rock*, p. 87.
73 Anonymous, 'Nouveau Frisco', p. 69.

第二章 现代派的时代

1 Salvador Dalí, 'How an Elvis Presley Becomes a Roy Lichtenstein', *Arts*, XLI/6 (1967), p. 26.
2 John Coplans, 'Roy Lichtenstein: An Interview', *Roy Lichtenstein*, exh. cat., Pasadena Art Museum (Pasadena, CA, 1967), p. 16.
3 Arthur Drexler and Greta Daniel, *Introduction to Twentieth-Century Design: From the Collection of the Museum of Modern Art* (New York, 1959), p. 4.
4 Sigfried Giedion, *A Decade of New Architecture* (Zurich, 1951), p. 3.
5 Gloria Steinem, 'The Ins and Outs of Pop Culture', p. 80.
6 Hilary Gelson, 'Art Deco', *Times* [London] (12 November 1966), p. 13.
7 Edgar Kaufmann, Review of Martin Battersby, 'The Decorative Twenties, Style and Design, 1901–1929', and Giulia Veronesi, 'Stile 1925: ascesa e caduta delle "Arts Déco"', *Art Bulletin*, LII/3 (1970), Section CII, p. 340.
8 Christopher Neve, 'Ah, Before the War . . . Changing Attitudes to Art Deco', *Country Life*, CL/3866 (1971), p. 146.
9 Jean W. Progner, 'Art Deco: Anatomy of a Revival', *Print*, XXV/I (1971), p. 28.
10 Bevis Hillier, *Art Deco of the '20s and '30s* (London, 1968), p. 158.
11 Natalie Gittelson, 'Art Deco: Phase Two', *Harper's Bazaar*, MMMCXXXI (1972), p. 118.
12 Janet Malcolm, 'On and Off the Avenue: About the House', *New Yorker*, CLXXII/10 (1971), p. 111.

13 Elayne Rapping, *The Movie of the Week: Private Stories/Public Events* (Minneapolis, MN, 1992), pp. 11–12.
14 Lawrence Alloway, 'Roy Lichtenstein's Period Style: From the Thirties to the Sixties and Back', *Arts*, XVII/1 (1967), p. 27.
15 Hillier, *Art Deco of the 20s and 30s*, p. 165.
16 Malcolm, 'On And Off the Avenue', p. 114.
17 Alloway, 'Roy Lichtenstein's Period Style', p. 25.
18 David Bourdon, 'Stacking the Deco', *New York Magazine*, VII/45 (1974), p. 66.
19 Natalie Gittelson, 'Art Deco: Phase Two', p. 118.
20 Ibid.
21 Ibid., p. 119.
22 Ibid., p. 118.
23 Andy Warhol and Pat Hakett, *POPism: The Warhol '60s* (New York, 1980), p. 65.
24 Jeanne Siegel, 'Thoughts on the "Modern" Period', in *Roy Lichtenstein*, ed. John Coplans (New York, 1972), p. 94.
25 Alloway, 'Roy Lichtenstein's Period Style', p. 27.
26 Siegel, 'Thoughts on the "Modern" Period', p. 93.
27 Ibid., p. 94.
28 Paul Katz, 'Roy Lichtenstein . . . Modern Sculpture with Velvet Rope', *Art Now: New York*, I/1 (January 1969), n. p.
29 Alloway, 'Roy Lichtenstein's Period Style', p. 25.
30 Katz, 'Roy Lichtenstein . . . Modern Sculpture with Velvet Rope', n. p.
31 Sidney Tillim, 'Lichtenstein's Sculpture', *Artforum*, VI/5 (1968), p. 24.
32 Robert Rosenblum, 'Frank Stella', *Penguin New Art I* (Harmondsworth, 1970), p. 50.
33 Robert Smithson, 'Ultramoderne', *Arts*, XLII/1 (1967), p. 31.
34 Ibid.
35 Sol LeWitt, 'Ziggurats: Liberating Set-backs to Architectural Fashion', *Arts*, XLI/1 (1966), pp. 24–5.
36 Smithson, 'Ultramoderne', p. 33.
37 See Pamela Lee, 'Ultramoderne: or, How George Kubler Stole the Time in Sixties Art', in *Chronophobia* (Cambridge, MA, 2005), pp. 218–56.

38 Smithson, 'Ultramoderne', p. 32.
39 Ibid., p. 31.
40 Ibid., p. 33.
41 Ibid.
42 Alwyn Turner, *Biba: The Biba Experience* (London, 2004), p. 48.
43 Marvin D. Schwartz, 'Art Nouveau, and Art Deco, the Avant-Garde Antiques', *ARTnews*, LXXI/8 (1972), p. 62.
44 Tillim, 'Lichtenstein's Sculpture', p. 23.
45 'Why the Craze for the "Good Old Days"', *US News and World Report*, LXXXV/20, p. 72.
46 Anne Hollander, 'Art Deco's Back and New York's Got It', *New York*, XVII/45 (1974), p. 54.
47 Gerald Clarke, 'The Meaning of Nostalgia', *Time*, XCVII/19 (1971), p. 77.
48 Hollander, 'Art Deco's Back and New York's Got It', p. 54.
49 Progner, 'Art Deco: Anatomy of a Revival', p. 27.
50 Hollander, 'Art Deco's Back and New York's Got It', p. 54.
51 Clarke, 'The Meaning of Nostalgia', p. 77.
52 Lesley Hornby aka Twiggy, *Twiggy* (New York, 1968), p. 121.
53 Hollander, 'Art Deco's Back and New York's Got It', p. 54.
54 John Canaday, 'Art Deco in Minneapolis: No Sir, That Ain't My Baby Now', *New York Times* (1971), D21.
55 Clarke, 'The Meaning of Nostalgia', p. 77.
56 Progner, 'Art Deco: Anatomy of a Revival', p. 36.
57 Clarke, 'The Meaning of Nostalgia', p. 77.
58 Progner, 'Art Deco: Anatomy of a Revival', p. 28.
59 Ibid., p. 36.
60 Ernest Hoch, 'Revivals, Sterility and Riotous Self-Expression', *Studio International*, CLXXV (1968), pp. 222, 221.
61 Progner, 'Art Deco: Anatomy of a Revival', p. 32.
62 Ibid., p. 35.
63 Lawrence Alloway, 'Art', *The Nation*, CCXIII/4 (1971), p. 124.
64 Gittelson, 'Art Deco: Phase Two', p. 118.
65 Robert Pincus-Witten, 'Art Deco', *Artforum*, IX/4 (1970), p. 71.

第三章 再造的 50 年代

1. 'True Grease', *Time*, CXIX/22 (1972), p. 56.
2. Jack Kroll, 'Before "Hair"', *Newsweek*, LXXIX/2 (1972), p. 95.
3. Frank Heath, 'Nostalgia Shock', *Saturday Review*, LIV (1971), p. 19.
4. Tony Wilson, 'Haley, Perkins, Eddy, Everlys – Suddenly in Britain It's Rock', *Melody Maker*, XLIII (1968), p. 1.
5. 'Teddy Boys, 1970: Slowly Rocking on . . . ', *Sunday Times Magazine* (27 September 1970), p. 23.
6. Ibid.
7. Dick Hebdige, *Subculture: The Meaning of Style* (London, 1976), p. 46.
8. Jonathan Rodgers, 'Back to the '50s', *Newsweek*, LXXIX (1972), p. 78.
9. 'The Nifty Fifties', *Life* (18 June 1972), p. 38.
10. 'R 'n' R Revival Rides High', *Billboard*, LXXXIII (18 September 1971), p. 1.
11. Joel Vance, 'Hy Whu-hawnt You Hy Nee-heed You', *New York Times* (23 January 1972), p. D26.
12. George J. Leonard and Robert Leonard, 'Sha Na Na and the Woodstock Generation', *Columbia College Today* (1989), p. 28.
13. Ibid., p. 28.
14. Rodgers, 'Back to the '50s', p. 79.
15. 'Sha Na Na Star Trades Gold Lame Suit for Pinstripes', *Associated Press* (1 July 1998).
16. Stephen Farber, "Graffiti" Ranks with *Bonnie and Clyde*', *New York Times* (5 August 1973), p. 97.
17. Rodgers, 'Back to the '50s', p. 80.
18. Richard Horn, *Fifties Style: Then and Now* (Philadelphia, 1985), p. 8.
19. Shaun Considine, '"Grease" Slides into its Fifth Year', *New York Times* (15 February 1976), p. D5.
20. 'The Nifty Fifties', p. 39.
21. Kroll, 'Before "Hair"', p. 95.
22. 'The Nifty Fifties', p. 42.

23 Andrew H. Malcolm, 'Students Revive the Good Ole '50s', *New York Times* (17 May 1971), p. 1.
24 'Fabulous '50s', *Time*, CII/8 (1973), p. 58.
25 Rodgers, 'Back to the '50s', p. 78.
26 'True Grease', p. 10.
27 Kroll, 'Before "Hair"', p. 95.
28 Douglas Miller and Marion Nowak, *The Fifties: The Way They Really Were* (Garden City, NY, 1977), p. 5.
29 Rita Reif, 'After Art Nouveau, It's Art Deco Once Again', *New York Times* (20 October 1970), p. 50.
30 Leonard and Leonard, 'Sha Na Na and the Woodstock Generation', p. 28.
31 Malcolm, 'Students Revive the Good Ole '50s', p. 1.
32 Edith Oliver, 'Off Broadway', *New Yorker* XLVIII (1972), p. 68.
33 'Back to the '50s', p. 78.
34 Eric Goldman, 'Good-Bye to the '50s – and Good Riddance', *Harper's Magazine*, X/220 (1960), pp. 27–9.
35 Ronald Berman, *America in the Sixties: An Intellectual History* (New York, 1968), pp. 1–8.
36 Heath, 'Nostalgia Shock', p. 19.
37 Bevis Hillier, 'Review of Richard Horn, *Fifties Style: Then and Now*', *Los Angeles Times Magazine* (16 February 1986), p. 20.
38 Gerald Clarke, 'The Meaning of Nostalgia', *Time*, XCVII/19 (1971), p. 77.
39 Stefan Kanfer 'Back to the Unfabulous '50s', *Time*, CVI (1974), p. 56.
40 Richard R. Lingeman, 'There Was Another Fifties', *New York Times Magazine* (17 June 1973), p. 24.
41 'True Grease', p. 56.
42 Oliver, 'Off Broadway', p. 68.
43 Vance, 'Hy Whu-hawnt You Hy Nee-heed You', p. D26.
44 Malcolm, 'Students Revive the Good Ole 1950s', p. 1
45 'The Instant Decade', *Horizon Magazine*, XIV/1 (1972), pp. 2–3.
46 Alan Morris, *Collaboration and Resistance Reviewed: Writers and the 'Mode Retro' in Post-Gaullist France* (Oxford, 1992), p. 85.

47 Naomi Greene, *Landscapes of Loss: The Nationalist Past in Postwar French Cinema* (Princeton, NJ, 1999), p. 65.
48 Nan Robertson, 'The New War Movies That Say "J'Accuse" To the French', *New York Times* (14 October 1974), p. 2.
49 Ibid.
50 Bernadine Morris, 'Now Why Art They Throwing Brickbats at Saint Laurent?', *New York Times* (2 February 1971), p. 42.
51 'Saint Laurent Retorts', *New York Times* (19 February 1971), p. 30.
52 Bernadine Morris, 'Saint Laurent, Ungaro and Dior – Many Studies, No New Look', *New York Times* (24 July 1970), p. 37.
53 'Saint Laurent Retorts', p. 30.
54 Michel Capdenac, 'Révolte dévoyée, film fourvoyé', *Europe*, DXL/DXLI (1974), p. 267.
55 Malcolm, 'Students Revive the Good Ole '50s', p. 1.
56 Jean Baudrillard, *Simulacra and Simulation* (Ann Arbor, MI, 1994), pp. 43–8.
57 P.M.S., 'Book review of Alan Hess, *Googie: Fifties Coffee Shop Architecture*', *Architectural Record* CLXXVI/6 (1986), p. 71
58 'Putting on the Fifties Style', *Sunday Times Magazine* (31 October 1976), p. 10.
59 Ibid., p. 10.
60 'Back to the '50s', p. 78.
61 Kim Levin, 'Fifties Fallout The Hydrogen Juke Box', *Arts* XLVIII (1974), p. 29.
62 Ibid.
63 Ibid., p. 30.
64 Ibid., p. 29.
65 Marc Arcenaux, *The Atomic Age* (San Francisco, 1975), p. 5.
66 Nayana Currimbhoy, 'Book review of Alan Hess, *Googie: Fifties Coffee Shop Architecture*', *Interiors*, CXLVI (1987), p. 21.
67 Ibid., p. 22.
68 Alan Hess, *Googie: Fifties Coffee Shop Architecture* (San Francisco, 1986), p. 10.

69 Karen Schoemer, 'At Home in the Top 40 and Still Full of Kitsch', *New York Times* (31 December 1989), p. H27.
70 Lance Morrow, 'Dreaming of the Eisenhower Years', *Time*, CXVI/4 (1980), p. 33.
71 Horn, *Fifties Style Then and Now*, p. 165.
72 Jed Perl, 'Book Review of Martin Eidelberg, *Design, 1935–1965: What Modern Was*', *New Republic* CCVI/14 (1992), p. 28.
73 Horn, *Fifties Style*, p. 165.

第四章　昨天的明天的诱惑

1 Paula Scher, 'Back in the USSR (Or that Ukraine Type Really Knocks Me Out)', p. 257.
2 Ibid.
3 Ibid.
4 James R. Mellow, 'The Bauhaus is Alive and Well in Soup Plates and Skyscrapers', *New York Times Magazine* (14 September 1969), p. 24.
5 K. A. Jelenski, 'Avant-Garde and Revolution', *Arts*, XXV/1 (1960), p. 36.
6 Paul Wood, 'The Politics of the Avant-Garde', *The Great Utopia*, exh. cat., Guggenheim Museum (New York, 1992), p. 1.
7 Hilton Kramer, 'Artists of the Soviet Utopia', *New York Times* (19 September 1971), p. D23.
8 A. Alvarez, 'With a Hole in Its Heart', *New York Times* (14 March 1971), p. D19.
9 Oleg Shvidkovsky, 'Art in Revolution', *Art in Revolution: Soviet Art and Design since 1917*, exh. cat., Hayward Gallery (London, 1971), p. 18.
10 Kramer, 'Artists of the Soviet Utopia', p. D23.
11 Scher, 'Back in the USSR', p. 257.
12 Peter Schjeldahl, 'The Eye of the Revolution', *Art in America*, LXIX (1981), p. 91.
13 Christopher Wilson, 'David King', *Eye*, XII/48 (2003), p. 65.

14 Rick Poynor, 'The Man Who Saved History', *Print*, CII/52, issue 6 (1998), p. 56.
15 Wilson, 'David King', p. 62.
16 Simon Frith, Simon and Howard Horne, *Art into Pop*, (New York, 1987), p 60.
17 Nick de Ville, *Album: Style and Image in Sleeve Design* (London, 2003), p. 161.
18 Jon Wozencroft, *Brody: The Graphic Language of Neville Brody* (London, 1988), p. 133.
19 William Taylor, 'Message and Muscle: An Interview with Swatch Titan Nicolas Hayek', *Harvard Business Review*, LXXI/2 (1993), p. 98.
20 Isadore Barmash, 'Prospects', *New York Times* (9 September 1984), p. F1.
21 Philip Meggs, 'The Women Who Saved New York!', *Print*, XLIII/1 (1989), pp. 61–71; 163–4.
22 Ibid., p. 61.
23 Patricia Sellers, 'Do You Need Your Ad Agency?', *Fortune*, CXXVIII/12 (1993), p. 147.
24 Scher, 'Back in the USSR', p. 257.
25 Ibid.
26 Paula Scher, *Make It Bigger* (New York, 2002), p. 51.
27 Joshua Levine, 'Why "New" Is Old Hat', *Forbes*, CXLVIII/2 (1991), p. 302.
28 Sarah Mower, 'Style: Retro Mania/Design Trends in 1987', *Guardian* (8 January 1987), p. 10.
29 Hilary De Vries, 'Retro-Chic and Other Big Trends: A Guide to Ins and Outs', *Christian Science Monitor* (20 January 1987), p. 10.
30 Philip Meggs, 'Mondrian as a Marketing Tool', *AIGA Journal of Graphic Design*, VIII/2 (1990), p. 13.
31 Rick Poynor, 'Black and White and Red All Over', *Design*, CDLXX (1988), p. 52.
32 Wood, 'The Politics of the Avant-Garde', p. 1.
33 Poynor, 'Black and White and Red All Over', p. 52.
34 Jean Baudrillard, *Simulacra and Simulation* (Ann Arbor, MI, 2004), p. 43.
35 Tibor Kalman, J. Abbott Miller and Carrie Jacobs, 'Good History, Bad History', *Print*, XLV/2 (1991), p. 115.

36　Ibid., p. 119.
37　Claudia Deutsch, 'Swatch Catches Up with Itself', *New York Times* (16 August 1987), p. F4.
38　Scher, *Make It Bigger*, p. 98.
39　Kalman, Miller and Jacobs, 'Good History, Bad History', p. 120.
40　Paul Rand, Introduction, in *Herbert Matter: A Retrospective*, exh. cat., A&A Gallery, School of Art, Yale University (New Haven, CT, 1978), n. p.
41　Kalman, Miller and Jacobs, 'Good History, Bad History', p. 121.
42　Rand, Introduction, n.
43　Kalman, Miller and Jacobs, 'Good History, Bad History', p. 23.
44　Michael Davie, *In the Future Now: A Report from California* (London, 1972), p. 225.
45　Martin E. Marty, 'Looking Backward Into the Future', *New York Times* (6 February 1975), p. 33.
46　Natalie Gittelson, 'Art Deco: Phase Two', *Harper's Bazaar*, MMMCXXXII (1972), p. 118.
47　Peter Plagens, 'The Groupie and the Commissar: Revolutionary Posters and Capitalist Billboards', *Artforum*, XIII/ (1975), p. 61.
48　Scher, 'Back in the USSR', p. 237.
49　Nayana Currimbhoy, 'Review of Alan Hess, *Googie: Fifties Coffee Shop Architecture*', *Interiors*, CXLVI (1987), p. 22.
50　Paul Richard, 'The Retro Art Renaissance: To See is To Remember', *Washington Post* (16 October 1977), p. G3.
51　Ibid.

跋

1　James Laver, *Taste and Fashion* (London, 1937), ch. 18.
2　Paula Scher, 'Back in the USSR (Or that Ukraine Type Really Knocks Me Out)', p. 257.
3　Tom Appelo, 'The Future Isn't What It Used to Be', *Los Angeles Times*

(4 January 1998), p. 4.
4 William Booth, 'Planet Mouse, At Disney's New Tomorrowland The Future Is a Timid Creature', *Washington Post* (24 June 1998), p. D1.
5 Daryl Strickland, 'With Tomorrowland, Disneyland Bets That the Future is Now', *St Louis Post-Dispatch* (17 May 1998), p. T3.

阅读书目和影评选

Art into Life: Russian Constructivism, 1914–1932 (Seattle, WA, 1990)
Barthes, Roland, *Camera Lucida: Reflections on Photography* (London, 1982)
—, *The Responsibility of Forms: Critical Essays on Music, Art and Representation*, trans. R. Howard (Oxford, 1986)
—, *Roland Barthes by Roland Barthes* (Berkeley, CA, 1994)
Baudrillard, Jean, *Simulacra and Simulation* (Ann Arbor, MI, 2004)
—, ed., Mark Poster, *Selected Writings* (Stanford, CA, 1988)
Buchloh, Benjamin H. D., Serge Guilbaut and David Solkin, eds, *Modernism and Modernity* (Halifax, Nova Scotia, 1983)
Corn, Joseph C., and Brian Horrigan, *Yesterday's Tomorrows: Past Visions of the American Future* (Baltimore, MD, 1984)
Davis, Fred, *Yearning for Yesterday: A Sociology of Nostalgia* (New York, 1979)
Flam, Jack, ed., *Robert Smithson: The Collected Writings* (Berkeley, CA, 1996)
Frank, Thomas, *The Conquest of Cool: Business Culture, Counterculture and Hip Consumerism* (Chicago, 1998)
Gebhard, David, 'The Moderne in the US, 1920–1941', *Architectural Association Quarterly*, II/3 (July 1970), pp. 4–20
Grainge, Paul, 'TIME's Past in the Present: Nostalgia and the Black and White Image', *Journal of American Studies*, XXXIII/3 (1999), pp. 383–92
—, 'Advertising the Archive: Nostalgia and the (Post)national Imaginary', *American Studies*, XV/2–3 (2000), pp. 137–57
—, *Monochrome Memories: Nostalgia and Style in Retro America* (Westport, CT,

2002)

—, 'Nostalgia and Style in Retro America: Moods, Modes and Media Recycling', *Journal of American and Comparative Cultures*, XXIII/1 (2000), pp. 27–34

The Great Utopia: the Russian and Soviet Avant-Garde, 1915–1932 (New York, 1992)

Greene, Naomi, *Landscapes of Loss: The Nationalist Past in Postwar French Cinema* (Princeton, NJ, 1999)

Greenhalgh, Paul, ed., *Modernism in Design* (London, 1990)

Gregson, Nicky, Kate Brooks and Louise Crewe, 'Bjorn Again? Rethinking 70s Revivalism Through the Reappropriation of 70s Clothing', *Fashion Theory*, V/1 (2001), pp. 3–27

Harvey, David, *The Condition of Postmodernity: An Enquiry into the Origins of Cultural Change* (Oxford, 1989)

Heller, Steven, and Julie Lasky, *Borrowed Design: Use and Abuse of Historical Form* (New York, 1993)

—, and Louise Fili, *Tyopology: Type design from the Victorian Era to the Digital Age* (New York, 1999)

Jackson, Lesley, *The Sixties: Decade of Design Revolution* (London, 1991)

Jameson, Fredric, 'Nostalgia for the Present', *South Atlantic Quarterly*, LXXXVIII/2 (1989), pp. 517–37

—, *Postmodernism: or, The Cultural Logic of Late Capitalism* (Durham, NC, 1991)

Kalman, Tibor, J. Abbott Miller and Carrie Jacobs, 'Good History, Bad History', *Print*, XLV/2 (1991), pp. 114–35

Lippard, Lucy, *Get the Message?: A Decade of Art for Social Change* (New York, 1984)

Lupton, Ellen, *Design, Writing, Research: Writing on Graphic Design* (New York, 1996)

Meggs, Philip B., 'The Women Who Saved New York!', *Print*, XLIII/1 (1989), pp. 61–71

Morris, Alan, *Collaboration and Resistance Reviewed: Writers and the 'Mode Retro' in Post-Gaullist France* (Oxford, 1992)

Nora, Pierre, *Realms of Memory* (New York, 1996)

Progner, Jean, 'Art Deco: Anatomy of a Revival', *Print*, XVI/1 (1971)

Samuel, Raphael, *Theatres of Memory* (London, 1994)

Sontag, Susan, *Susan Sontag Reader* (New York, 1982)

Starobinski, Jean, 'The Idea of Nostalgia', *Diogenes*, LXIV (1966), pp. 81–103
Tannock, Stuart, 'Nostalgia Critique', *Cultural Studies*, IX/3 (1995), pp. 453–64
Whitely, Nigel, *Pop Design: Modernism to Mod* (London, 1987)

American Graffiti, dir. George Lucas, 1973
The Boy Friend, dir. Ken Russell, 1971
Blade Runner, dir. Ridley Scott, 1982
Bonnie and Clyde, dir. Arthur Penn, 1967
Lacombe Lucien, dir. Louis Malle, 1974
My Fair Lady, dir. George Cukor, 1964
Star Wars, dir. George Lucas, 1977

鸣　　谢

本书写作过程中，要感谢许多人的提示、建议、鼓励，还有有益的批评，其中有史蒂芬妮·阿克顿、史蒂芬·布鲁斯、埃里克·卡尔森、特雷茜·菲茨帕特里克、路易斯·菲利、卡玛·格尔曼、亚当·霍尔沃森、史蒂芬·赫勒、加藤文、乔伊·凯斯滕鲍姆、简·克罗姆、莫德·拉文、迈克尔·罗贝尔、艾米·奥加塔、罗莎莉·路透珊、盖布·韦斯伯格。还要感谢我查阅过的图书馆，如哥伦比亚大学、库珀联合学院卢伯艾伦、纽约公共图书馆、帕切斯学院、加州大学。还要感谢我的学生们，我们师生进行的讨论硕果累累，他们提出的见解常常很敏锐，特别要感谢凯瑟林·宾德曼和伊丽莎白·弗兰岑。Reaktion丛书方面，要感谢薇薇安·康斯坦丁诺普罗斯和迈克尔·利曼。我父母亲乔治和玛丽·艾伦的支持十分珍贵。尤其要感谢我丈夫迈特的敏锐目光，并且不厌其烦地出谋划策。

照片版权鸣谢

作者和出版社要感谢下列的插图材料提供者，允许我们使用这些图片。
Photo © Advertising Archives：p. 92；photo afp © Getty Images：p. 121；photo courtesy of *Art in America*：p. 45；photos Art Resources：pp. 36，39；photo Ballard © Getty Images：p. 101；photo Alan Band，Hulton Archive/Getty Images：p. 23；photos © Bettmann Archives/Corbis：pp. 62，74，110 (foot)；photo Charles Bonnay，Time & Life Pictures/Getty Images：p. 54；image courtesy of Neville Brody：p. 139；photo courtesy of Stephen Bruce：p. 46；© Corbis：pp. 130，154；photo Evans，© Hulton Archives/Getty Images：p. 164；*photos Evening Standard*，© Getty Images：pp. 89，107；photo courtesy of Louise Fili：p. 146；photo courtesy of Gagosian Gallery © ARS：p. 157；image courtesy of Milton Glaser：p. 55；© Lynn Goldsmith/Corbis：p. 129；photo Henry Groskinsky，Time & Life Pictures/Getty Images：p. 66；photos © Hulton Archive/Getty Images：pp. 93，99；photo © Hulton-Deutsch Collection/Corbis：p. 87；photo Yale Joel © Getty Images：p. 110(top)；photo Keystone，Hulton Archive/Getty Images：p. 11；photo courtesy of David King：p. 138；photo © Douglas Kirkland/Corbis：p. 90；artwork conceptRalf Hutter Florian Schneider，© Kraftwerk/Astralwerks：p. 140；photo © Estate of Roy Lichtenstein：p. 78(Solomon R. Guggenheim Museum，New York)；photo courtesy of Mary Lou Lobsinger：p. 42；Lucasfilm Ltd/Twentieth Century Fox Film Corp./Photofest © Lucasfilm Ltd/Twentieth Century Fox Film Corp. ：p. 156；© ClaesOldenburg andGemini

Editions;p. 79(National Gallery of Art,Washington,DC(gift of Gemini G. E. L. and the Artist);photo © Royalty-Free/Corbis;p. 163;photos courtesy of Paula Scher;pp. 145,147;photo © John Springer Collection/Corbis;p. 51;photo © Ted Streshinsky/Corbis;p. 59;© Sunset Boulevard/Corbis;p. 88;photo © Universal Pictures/Photofest;p. 108;photo UPF (Universal Pictures France)/Photofest © Twentieth Century Fox;p. 119; photo RobertVoss,AFP/Getty Images;p. 38;photoMichaelWebb,© Getty Images;p. 103.

图书在版编目(CIP)数据

回潮:复古的文化/(美)古费著;王之光译.—北京:商务印书馆,2010
ISBN 978-7-100-07055-3

I.①回⋯ II.①古⋯ ②王⋯ III.①文化理论－研究②艺术理论－研究 IV.①G0 ②J0

中国版本图书馆 CIP 数据核字(2010)第 058253 号

所有权利保留。
未经许可,不得以任何方式使用。

回 潮
——复古的文化

〔美〕伊丽莎白·E.古费 著
王之光 译

商务印书馆出版
(北京王府井大街36号 邮政编码100710)
商务印书馆发行
北京市白帆印务有限公司印刷
ISBN 978-7-100-07055-3

2010年11月第1版　　开本 880×1230　1/32
2010年11月北京第1次印刷　印张6
定价:18.00元